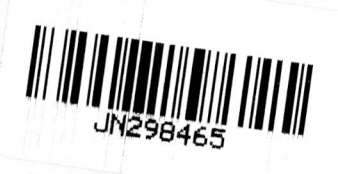

表とグラフの達人講座

はじめて出合う統計の本

監修／岩崎 学
編／こどもくらぶ

同友館

はじめに

みなさんは、算数や数学、社会科の授業《じゅぎょう》などで、表やグラフを見たり勉強したりしたことがあるでしょう。表やグラフは、「統計《とうけい》」を見やすくまとめたものです。「統計」とは、ある集団《しゅうだん》の傾向《けいこう》や性質《せいしつ》を、数を用いて明らかにすることです。なんだか難《むずか》しいことのように感じるかもしれませんが、わたしたちのまわりにはさまざまな統計があふれています。わたしたちはそうした統計に接《せっ》しながら生活しているのです。たとえば、テストの平均点《へいきんてん》や体力測定《そくてい》の結果、テレビの視聴率《しちょうりつ》、天気予報《よほう》の降水確率《こうすいかくりつ》なども統計の一種です。

現在《げんざい》は、インターネットの発達によって大量のデータや統計がとりあつかわれるようになっています。そうしたデータ・統計から必要な情報《じょうほう》を集めて分析《ぶんせき》することが、社会で重視《じゅうし》されています。いっぽうで、発信する側にとって都合のいい、不正確《ふせいかく》なデータや統計が多く出回っていることも事実です。不正確なデータや統計にまどわされず、正確なデータや統計を的確《てきかく》に分析し、自分の判断《はんだん》や行動に役立つ情報を引きだすことは、「情報化社会」といわれる今の世の中で生きていくうえで必須《ひっす》の力といえます。

この本では、まず巻頭《かんとう》特集で統計とその役割《やくわり》を説明し、都道府県どうし、日本と世界、過去《かこ》と現在を比較《ひかく》するさまざまな統計を掲載《けいさい》しています。

パート１の「統計について知ろう！」では､統計の歴史や国の統計、統計の法律《ほうりつ》、統計ができるまでの段階《だんかい》、自分で統計をつくるための手順など、統計に関する情報を図版《ずはん》や写真とともに紹介《しょうかい》しています。

パート２の「表やグラフのつかい方を学ぼう！」では、統計を見やすく表現《ひょうげん》するための道具である、表とグラフについて、具体的に見ていきます。一次元表・二次元表という２つの表と、棒《ぼう》グラフ、折れ線グラフ、円グラフなどさまざまな種類のグラフについて、特《とく》徴《ちょう》・読み方・かき方を紹介しています。

資料編《しりょうへん》では、統計や表・グラフを学ぶうえでさらに参考になる資料やホームページ、自分でつくった統計作品を応募《おうぼ》できるコンクールなどについてふれています。

この本を通じて、統計について知ると同時に、表やグラフの読み方やかき方を身につけることで、統計を自由につかいこなせるようになってほしいと願います。

こどもくらぶ

もくじ

パート2

表やグラフのつかい方を学ぼう！

統計《とうけい》とは

国土や産業に関するさまざまなことがらをとらえたり、その意味について考えたりするときなどに統計《とうけい》が用いられます。そこでまず、「統計とその役割《やくわり》」について考えていきましょう。

統計《とうけい》って何？

「統計《とうけい》」とは、ある集団《しゅうだん》について時間や地域《ちいき》など一定の条件《じょうけん》のもとで調べ、その傾《けい》向《こう》や性質《せいしつ》などを数字やグラフを用いて表すことです。また、調べた結果で得られた数《すう》値《ち》の集まりのことも統計といいます。

わたしたちの身のまわりには、さまざまな統計があります。教科書や新聞などで目にする表やグラフ、テストの平均点《へいきんてん》も統計の一種です。クラスのテストの平均点は、そのクラスの児童の点数を合計し、児童の数で割《わ》って計算されます。この平均点は、クラスの児童という集団について、テストによる学力を数字で明らかにしたものなので、統計といえます。

個人別《こじんべつ》得点とクラス平均点《へいきんてん》

4年1組の社会科のテスト結果	
番号	点数（点）
1	85
2	76
3	91
4	93
5	83
6	78
7	73
8	65
9	70
10	90
11	81
12	69
13	97
14	74
15	85
16	62
17	87
18	77
19	82
20	90
平均点	80.4

平均点《へいきんてん》の80.4点は、すべての児童の点数を足した数字（1608）を、人数の20で割《わ》って算出されている。平均（平均値《へいきんち》）についてのくわしい説明は、76、77ページを参照。

統計《とうけい》ってどのように役立つの？

ものごとを客観的にうつす「鏡」

統計《とうけい》により、さまざまなことがらについて数字で表すことで、客観的に状況《じょうきょう》を理解《りかい》できます。「人口が多い」「人口が少ない」というだけでは、何人以上が多くて何人以下が少ないと考えるかが人によってちがうので、漠然《ばくぜん》として何だかよくわかりません。しかし、これを数字で示《しめ》せば、多い・少ないが正確《せいかく》に伝わります。統計は、現実《げんじつ》のすがたを正確に伝えることから、「現在《げんざい》をうつす鏡」だといわれています。

今後の進路を示《しめ》す「羅針盤《らしんばん》」

統計《とうけい》は、過去《かこ》の一定期間のあることがらについてまとめたものです。これまでどのような道をたどってきたかをふりかえることができるため、今後どうなるかを予測《よそく》したり、どうするべきかを決めたりするのに役立ちます。このことから、統計は、進むべき進路を示す「羅針盤《らしんばん》」にたとえられることもあります。

社会や経済《けいざい》の内部を探《さぐ》る「内視鏡《ないしきょう》」

最近では、発達した技術《ぎじゅつ》や数学の理論《りろん》を用いたさまざまな方法によってデータを分析《ぶんせき》することで、社会や経済《けいざい》のしくみやようすも探《さぐ》れるようになっています。そのため、統計《とうけい》は人体の内部を観察する「内視鏡《ないしきょう》」のようだともいわれています。

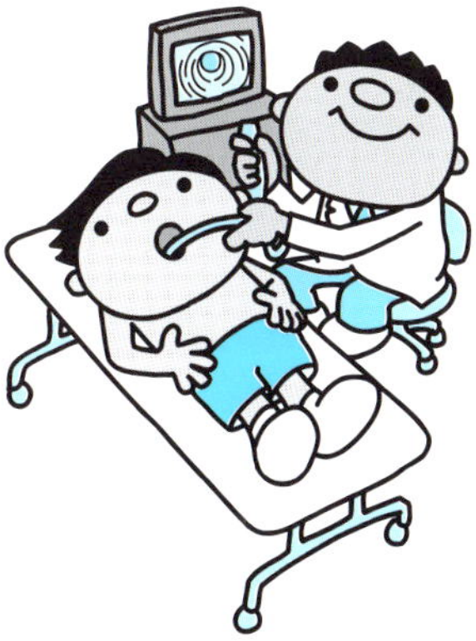

羅針盤《らしんばん》は、磁石《じしゃく》の針《はり》が南北を指すことを利用して、船や航空機などで方位を測定《そくてい》するのに用いられる道具。羅針儀《らしんぎ》、コンパスなどともよばれる。

表とグラフでくらべてみよう

統計《とうけい》をわかりやすく表すために、表とグラフがつかわれます。ここでは、国などの統計をもとに、「都道府県のようす」「日本と世界のようす」「過去《かこ》と現在《げんざい》のようす」などをくらべてみましょう。

くらべてみよう都道府県

面積をくらべる

各都道府県の面積を表にすれば、面積が最も広いのは北海道だということが、よくわかります。さらに、棒《ぼう》グラフ（➡ P48）をつかって面積の広い順に各都道府県をならべれば、2番目に広いのは岩手県、最もせまいのは香川県《かがわけん》というように、各都道府県の順位なども一目で知ることができます。

【表】都道府県別の面積（2012年）

都道府県	面積（k㎡）
全国	377,959.91
北海道	83,457.06
青森県	9,644.70
岩手県	15,278.89
宮城県	7,285.77
秋田県	11,636.30
山形県	9,323.46
福島県	13,782.76
茨城県	6,095.72
栃木県	6,408.28
群馬県	6,362.33
埼玉県	3,798.08

都道府県	面積（k㎡）
千葉県	5,156.62
東京都	2,188.67
神奈川県	2,415.86
新潟県	1,2583.84
富山県	4,247.61
石川県	4,186.16
福井県	4,189.88
山梨県	4,465.37
長野県	13,562.23
岐阜県	10,621.17
静岡県	7,780.60
愛知県	5,165.14

都道府県	面積（k㎡）
三重県	5,777.31
滋賀県	4,017.36
京都府	4,613.21
大阪府	1,901.42
兵庫県	8,396.39
奈良県	3,691.09
和歌山県	4,726.29
鳥取県	3,507.31
島根県	6,707.98
岡山県	7,113.23
広島県	8,479.73
山口県	6,114.13

都道府県	面積（k㎡）
徳島県	4,146.80
香川県	1,876.55
愛媛県	5,678.50
高知県	7,105.19
福岡県	4,970.30
佐賀県	2,439.65
長崎県	4,105.75
熊本県	7,404.85
大分県	6,339.75
宮崎県	7,735.99
鹿児島県	9,188.99
沖縄県	2,276.64

注：各都道府県の面積には、都道府県にまたがる境界《きょうかい》未定地域《ちいき》の面積（14,327k㎡）をふくめている。

【グラフ】都道府県別の面積（2012年）

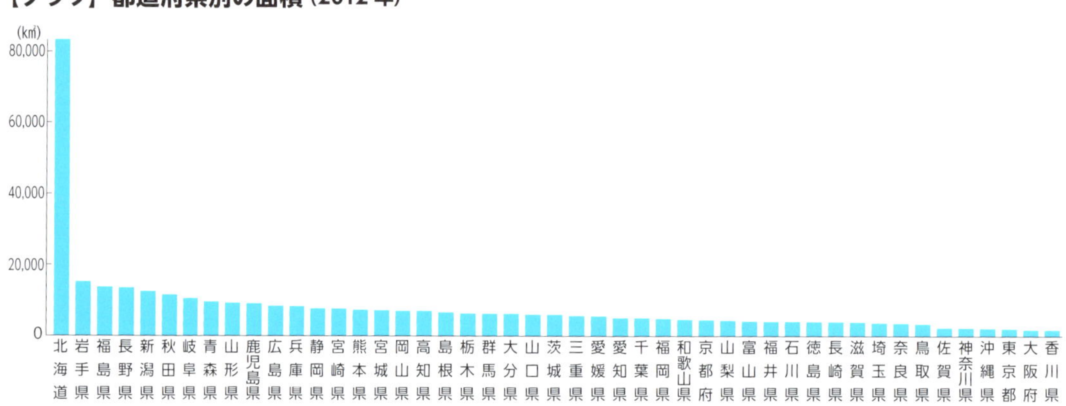

出典：表・グラフともに、国土地理院「平成24年全国都道府県市区町村別面積調」

日本の気候の特徴《とくちょう》は？

南北に長い国土をもつ日本は、まわりを海にかこまれ、中央に高い山地・山脈があることから、地域《ちいき》によって気候にちがいが見られます。下は、その気候のちがいを大きく6つに区分した地図です。それぞれの代表的な都市の月別平均《へいきん》気温と降水量《こうすいりょう》を折れ線グラフ（➡ P56）と棒《ぼう》グラフにすると、6つの気候区分の特徴《とくちょう》がはっきりと見てとれます。

日本の6つの気候区分

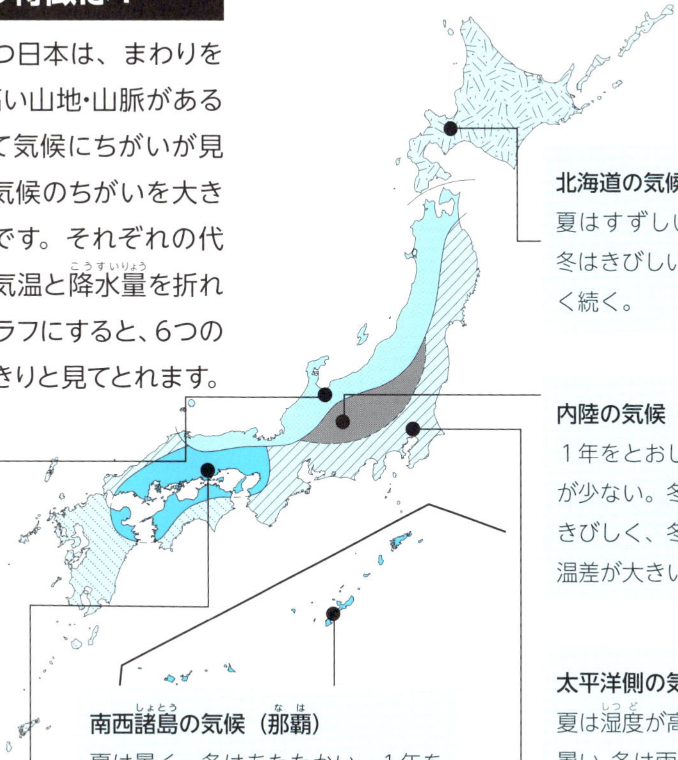

北海道の気候（札幌《さっぽろ》）
夏はすずしいが短く、冬はきびしい寒さが長く続く。

内陸の気候（長野）
1年をとおして降水量《こうすいりょう》が少ない。冬の寒さがきびしく、冬と夏の気温差が大きい。

日本海側の気候（富山《とやま》）
冬は雪や雨の日が多く、夏は極端《きょくたん》に暑くなることは少なく、雨も少ない。

瀬戸内《せとうち》の気候（岡山《おかやま》）
1年をとおして雨は少なく、温暖《おんだん》。晴天の日が多い。

南西諸島《しょとう》の気候（那覇《なは》）
夏は暑く、冬はあたたかい。1年をとおしての気温差は小さい。梅雨《つゆ》の時期に加え、台風の影響《えいきょう》を受ける8月と9月に雨が多い。

太平洋側の気候（東京）
夏は湿度《しつど》が高く、むし暑い。冬は雨が少なく、乾燥《かんそう》した晴れの日が続く。

【グラフ】6都市の月別平均《へいきん》気温と降水量《こうすいりょう》（左のたて軸《じく》は平均気温、右のたて軸は降水量を示《しめ》す）

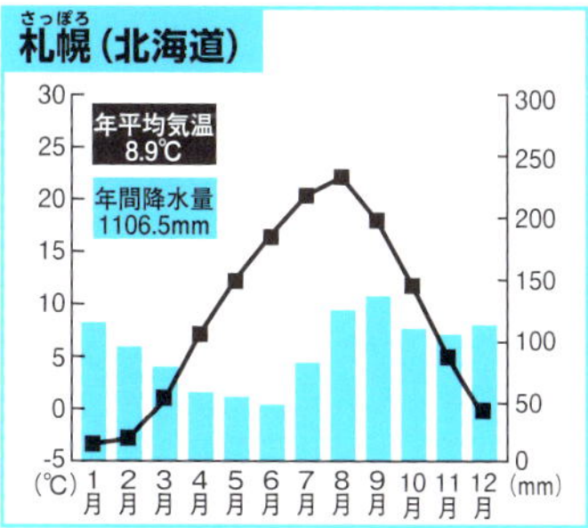

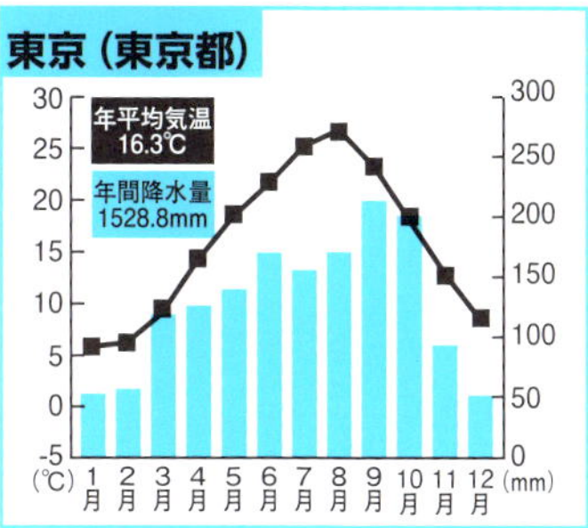

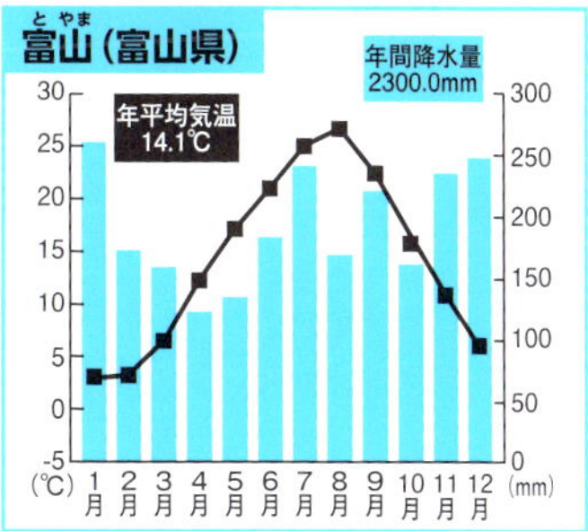

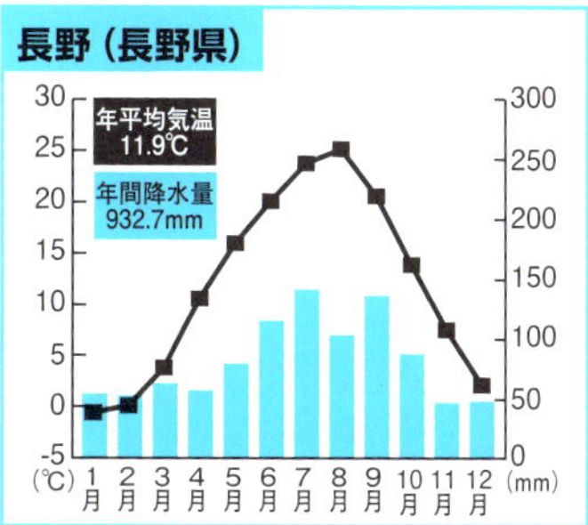

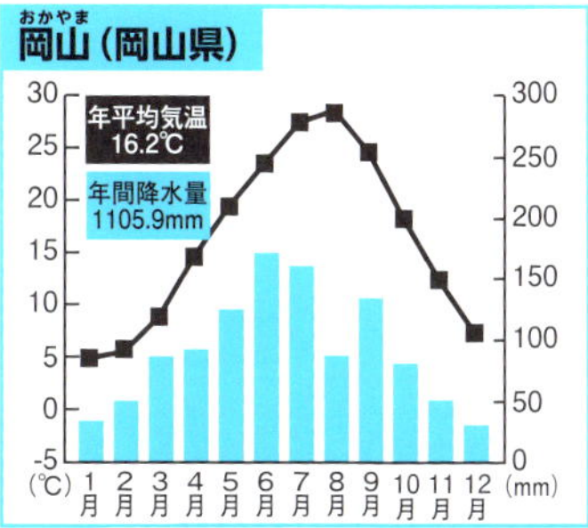

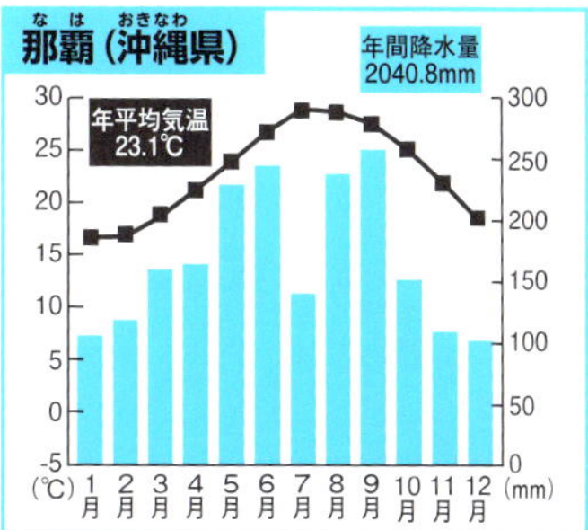

出典：丸善出版『理科年表 平成25年』

最も人口の多い都道府県はどこ？

人口が最も多いのは、日本の首都が置かれた東京都です。都道府県ごとの人口を示《しめ》した表をもとに、棒《ぼう》グラフをつかって人口の多い順に都道府県をならべれば、２番目に多いのが神奈川県《かながわけん》、大阪府《おおさかふ》は３番目に多く、最も少ないのが鳥取県というように、順位がわかります。また、神奈川県のほかにも、埼玉県《さいたまけん》や千葉県も人口が多く、人口の多い県が東京都のまわりにあることなどもわかります。

【表】都道府県別の人口（2012年）

都道府県	人口（1,000人）
全国	127,515
北海道	5,460
青森県	1,350
岩手県	1,303
宮城県	2,325
秋田県	1,063
山形県	1,152
福島県	1,962
茨城県	2,943
栃木県	1,992
群馬県	1,992
埼玉県	7,212
千葉県	6,195
東京都	13,230
神奈川県	9,067
新潟県	2,347
富山県	1,082
石川県	1,163
福井県	799
山梨県	852
長野県	2,132
岐阜県	2,061
静岡県	3,735
愛知県	7,427
三重県	1,840
滋賀県	1,415
京都府	2,625
大阪府	8,856
奈良県	1,390
和歌山県	988
鳥取県	582
島根県	707
岡山県	1,936
広島県	2,848
山口県	1,431
徳島県	776
香川県	989
愛媛県	1,415
高知県	752
福岡県	5,085
佐賀県	843
長崎県	1,408
熊本県	1,807
大分県	1,185
宮崎県	1,126
鹿児島県	1,690
沖縄県	1,409

【グラフ】都道府県別の人口（2012年）

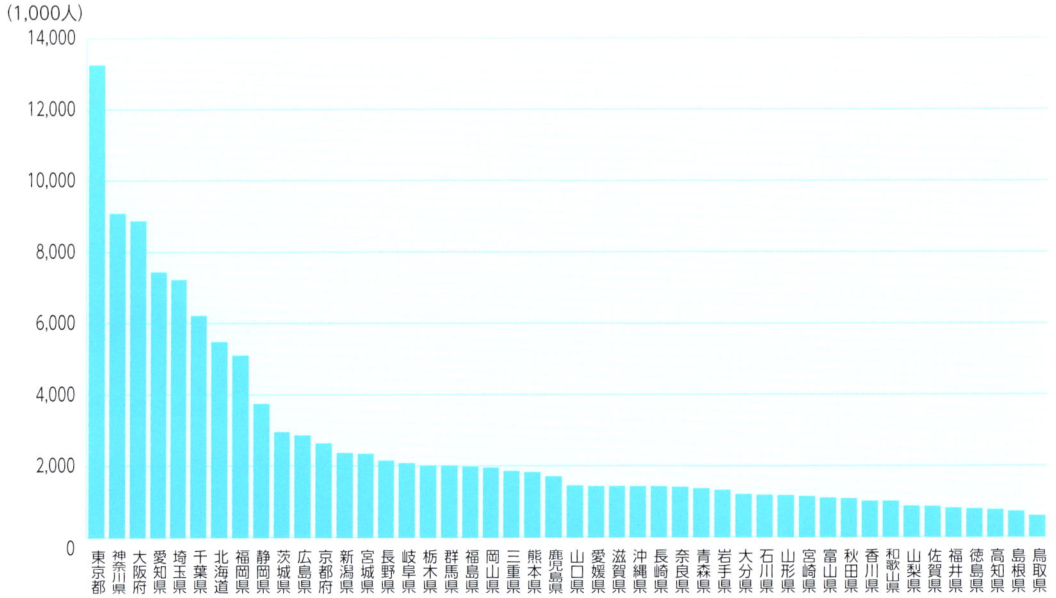

出典：表・グラフともに、総務省統計局「人口推計」

人口の多い都道府県は人口密度《みつど》も高い？

人口密度《みつど》とは、1㎢あたりの人口を表したもので、面積がせまくて人口の多い都道府県は高くなり、面積が広くて人口の少ない都道府県は低くなります。東京都は、日本で最も人口が多いうえ、面積が 47 都道府県のうち 45 位とせまいため、人口密度も全国一です。

下の地図は、人口密度を 3 段階《だんかい》に区分し、都道府県ごとに色分けした統計《とうけい》地図（➡ P88）です。この地図により、人口密度が高いところと低いところをかんたんに見分けることができます。

また、都道府県別の面積と人口という 2 つの統計（➡ P8、10）とともに見ると、全国で 7 番目に人口が多い北海道であっても、面積が全国一広いため、人口密度が低いことがわかります。

【表】都道府県別の人口密度《みつど》（2012 年）

都道府県	人口密度（人／㎢）
全国	337.4
北海道	65.4
青森県	140.0
岩手県	85.3
宮城県	319.1
秋田県	91.4
山形県	123.6
福島県	142.4
茨城県	482.8
栃木県	310.8
群馬県	313.1
埼玉県	1898.9

都道府県	人口密度（人／㎢）
千葉県	1201.4
東京都	6044.8
神奈川県	3753.1
新潟県	186.5
富山県	254.7
石川県	277.8
福井県	190.7
山梨県	190.8
長野県	157.2
岐阜県	194.0
静岡県	480.0
愛知県	1437.9

都道府県	人口密度（人／㎢）
三重県	318.5
滋賀県	352.2
京都府	569.0
大阪府	4657.6
兵庫県	663.5
奈良県	376.6
和歌山県	209.0
鳥取県	165.9
島根県	105.4
岡山県	272.2
広島県	335.9
山口県	234.0

都道府県	人口密度（人／㎢）
徳島県	187.1
香川県	527.0
愛媛県	249.2
高知県	105.8
福岡県	1023.1
佐賀県	345.5
長崎県	342.9
熊本県	244.0
大分県	186.9
宮崎県	145.6
鹿児島県	183.9
沖縄県	618.9

【統計《とうけい》地図】都道府県別の人口密度《みつど》（2012 年）

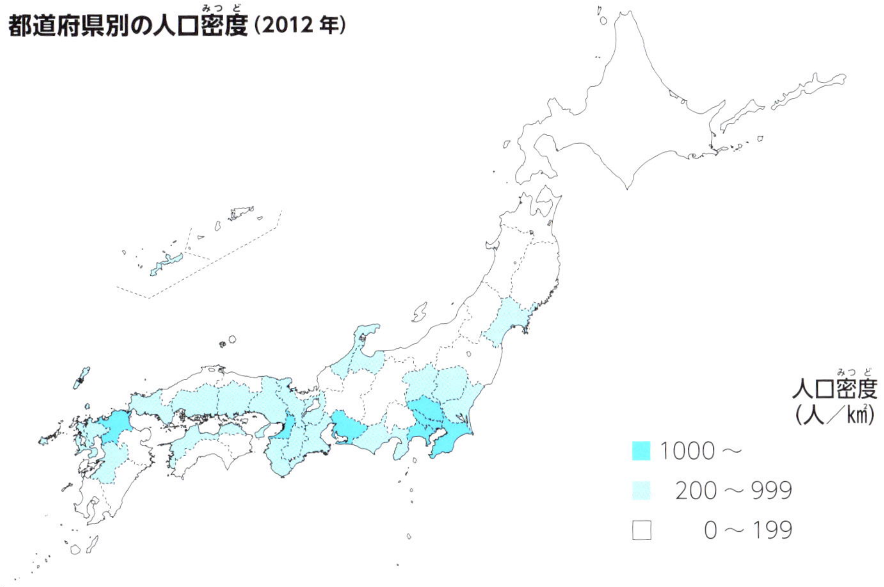

出典：表・グラフともに、国土地理院「平成 24 年全国都道府県市区町村別面積調」および総務省統計局「人口推計」より作成

くらべてみよう日本と世界の国ぐに

平均寿命《へいきんじゅみょう》世界一はどこの国？

平均寿命《へいきんじゅみょう》とは、０歳《さい》のときの平均余命《よめい》のことをいいます。平均余命は、ある国のある年齢《ねんれい》の人びとが、その後、何年生きられるかを表しています。

下は、男女別の平均寿命の上位 15 か国を示《しめ》した表と、それを棒《ぼう》グラフに示したものです。世界のトップは日本です。グラフからは、各国とも、女性《じょせい》が男性を上回っていることがわかります。

【表】世界の男女別平均寿命《へいきんじゅみょう》の上位 15 か国（2009 年）

（単位：歳）

順位	国	男性《だんせい》	女性	男女平均
1	日本	80	86	83
2	イスラエル	80	83	82
2	シンガポール	79	84	82
2	アイスランド	80	84	82
2	イタリア	79	84	82
2	スイス	80	84	82
2	スペイン	79	85	82
2	オーストラリア	80	84	82
9	カナダ	79	83	81
9	オランダ	78	83	81
9	スウェーデン	79	83	81
9	ノルウェー	79	83	81
9	フランス	78	85	81
9	ルクセンブルク	78	83	81
9	ニュージーランド	79	83	81

【グラフ】世界の男女別平均寿命《へいきんじゅみょう》の上位 15 か国（2009 年）

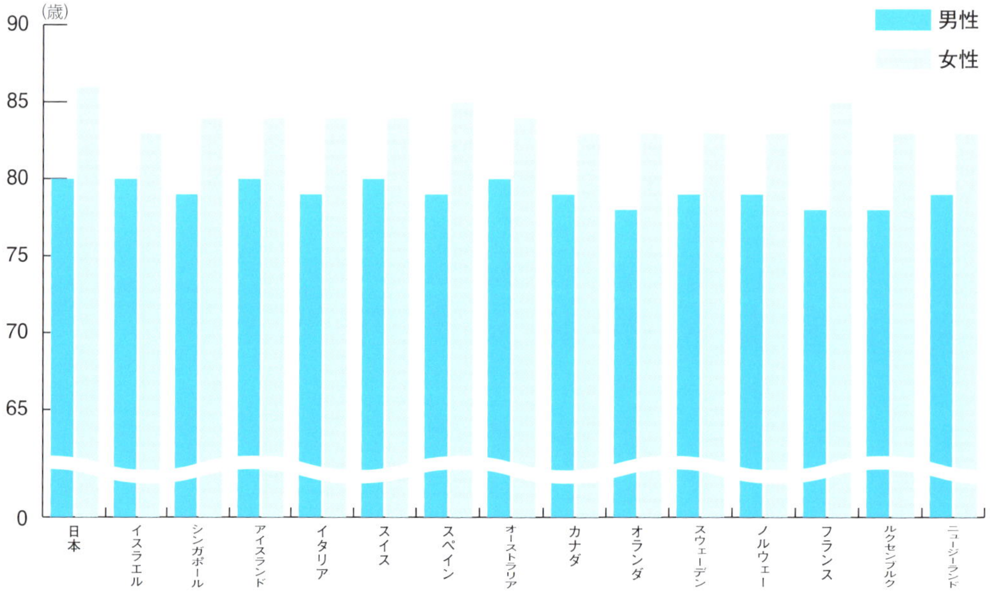

注：表およびグラフは、男女平均《へいきん》の数値《すうち》が高い順にならべている。出典：表・グラフともに、総務省統計局「世界の統計 2013」

国ごとの食料自給率《じきゅうりつ》をくらべると何がわかる？

食料自給率《じきゅうりつ》とは、国内で消費されている食料のうち、国内で生産されている食料の割合《わりあい》のことをいいます。ここでは、日本、アメリカ、ドイツの３か国について、８品目の食料自給率を表にしました。下の３つの図はレーダーチャート（➡ P78）といって、国ごとに、８品目の食料自給率を１つのグラフにしたものです。

食料自給率は、100％以上であれば、その品目は自国の生産だけでまかなわれていることを意味し、100％よりも少なければ少ないほど、自国の生産だけではまかなうことができず、ほかの国からその品目を輸《ゆ》入《にゅう》していることを意味します。

国土の面積が日本の 25 倍以上と広いアメリカが、８つの品目のほとんどで 100％をこえているのに対し、国土のせまい日本は、主食の米もふくめて、すべての品目で 100％を下回っています。ドイツは、日本の 95％ほどの面積の国ですが、小麦やいも類など、自国で多く消費されている品目は、100％を上回っています。

【表】 3か国の食料自給率《じきゅうりつ》の品目別比較《ひかく》（2009 年）

（単位：%）

国	米	小麦	いも類	豆類	野菜類	肉類	卵類《たまごるい》	魚介類《ぎょかいるい》
日本	95.2	9.7	73.3	27.9	83.2	56.1	98.7	55.0
アメリカ	156.6	188.9	95.7	146.7	92.3	113.4	103.1	66.2
ドイツ	—	149.5	122.4	76.8	42.9	114.4	64.6	20.7

【グラフ】 3か国の食料自給率《じきゅうりつ》の品目別比較《ひかく》（2009 年）

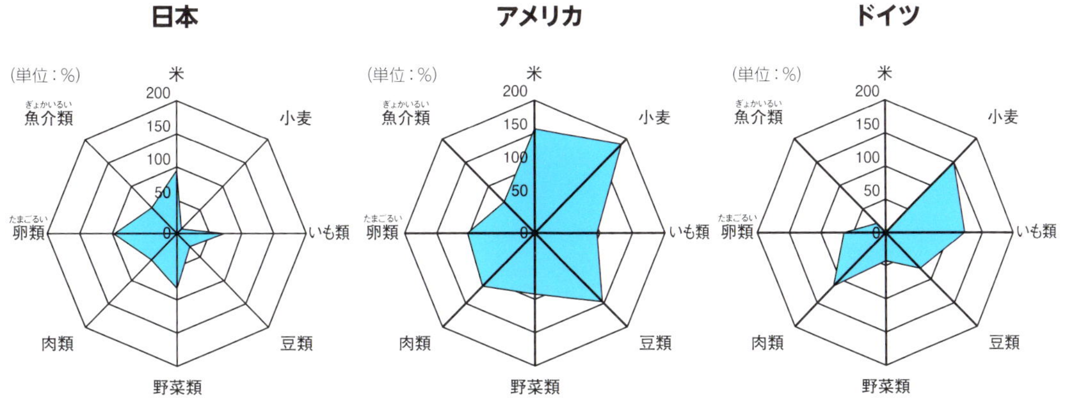

出典：表・グラフともに、総務省統計局「世界の統計 2013」

一次エネルギーの生産量の多い国はどこ？

一次エネルギーとは、自然からとりだされたままの物質を源《みなもと》としたエネルギーのことをいいます。石炭に代表される固形や、原油に代表される液体のほかに、天然ガスと一次電力があります。一次電力とは、水力、原子力、風力、太陽光発電などによる電力のことで、火力発電による電力は二次エネルギーとなるので、ふくみません。

ここでは、一次エネルギーの生産量上位10か国と日本を、表とグラフで示《しめ》しました。グラフでは、国ごとの一次エネルギーの生産量を棒《ぼう》グラフをつかって示しましたが、固形、液体、天然ガス、一次電力の割《わり》合《あい》がわかるように、積み上げ棒グラフ（➡ P52）を用いています。第1位の中国と第2位のアメリカの生産量をくらべると、アメリカが、固形、液体、天然ガスをバランスよく生産しているのに対し、中国の生産は、固形にかたよっていることなどが見てとれます。

【表】一次エネルギーの生産量上位10か国と日本（2009年）

（単位：石油換算 1,000t）

順位	国	固形	液体	天然ガス	一次電力	総計
1	中国	1,484,654	191,445	75,912	62,955	1,814,966
2	アメリカ合衆国	530,005	351,425	538,187	105,108	1,524,724
3	サウジアラビア	ー	465,025	68,183	ー	533,208
4	インド	316,466	38,342	38,358	10,795	403,962
5	カナダ	31,460	156,238	150,320	39,474	377,492
6	イラン	822	231,323	129,170	639	361,954
7	インドネシア	178,786	54,572	58,543	1,280	293,181
8	ノルウェー	1,773	109,867	100,762	11,010	223,412
9	メキシコ	5,063	147,845	42,674	3,832	199,414
10	ベネズエラ	6,153	159,847	22,984	7,727	196,711
30	日本	ー	736	3,807	31,855	36,399

【グラフ】一次エネルギーの生産量上位10か国と日本（2009年）

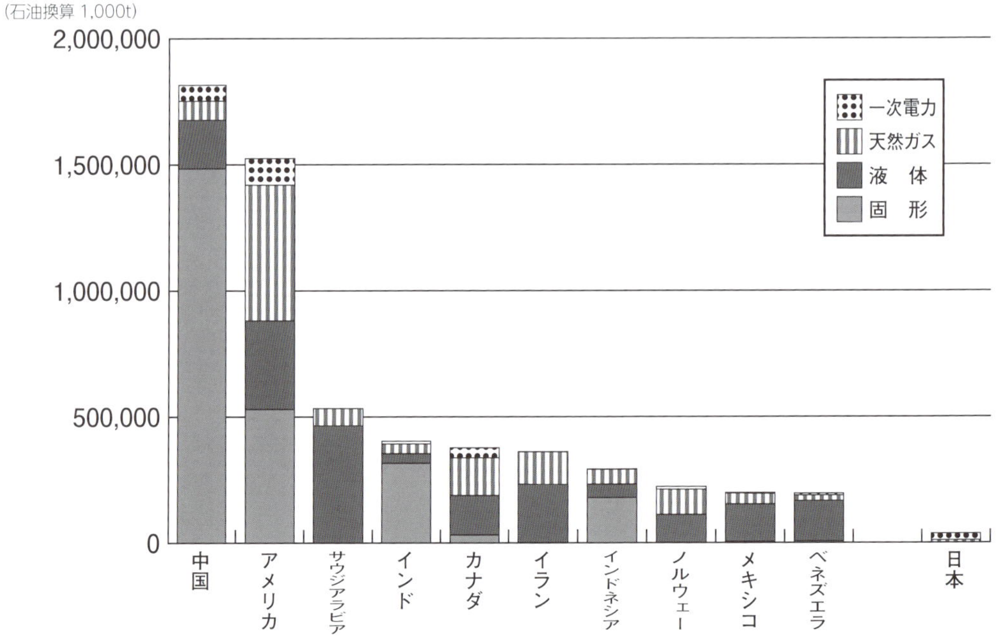

出典：表・グラフともに、総務省統計局「世界の統計 2013」

鉄道による旅客《りょかく》輸《ゆ》送《そう》がさかんな国はどこ？

下の表は、鉄道で運ぶ人の数が多い国を、上から順にならべたものです。トップはインド、日本は３位です。鉄道には、人を運ぶ旅客《りょかく》輸《ゆ》送《そう》だけではなく、荷物を運ぶ貨物輸送もあるので、その両方を示《しめ》してあります。そのため、貨物輸送でトップのアメリカもふくめました。

グラフは、旅客輸送の多い９か国とアメリカを、多い順に上から棒《ぼう》グラフにしたものです。左の棒グラフは旅客輸送量を、右の棒グラフは貨物輸送量を示しています。

なお、鉄道輸送量の単位は、旅客の場合は人km（輸送人員に輸送距離《きょり》をかけたもの）、貨物の場合はt《トン》km（輸送量に輸送距離をかけたもの）です。

【表】おもな国の鉄道輸《ゆ》送量《そうりょう》（2010年）

順位	国	旅客《りょかく》（単位：100万人km）	貨物（単位：100万tkm）
1	インド	903,465	600,548
2	中国	791,158	2,451,185
3	日本	395,067	19,998
4	ロシア	139,028	2,011,308
5	フランス	86,853	22,840
6	ドイツ	78,582	105,794
7	イギリス	51,759	12,512
8	ウクライナ	50,240	218,091
9	イタリア	44,535	12,037
22	アメリカ	9,518	2,468,738

※日本は2010年度、イギリスは2008年のデータ。

【グラフ】おもな国の鉄道輸《ゆ》送量《そうりょう》（2010年）

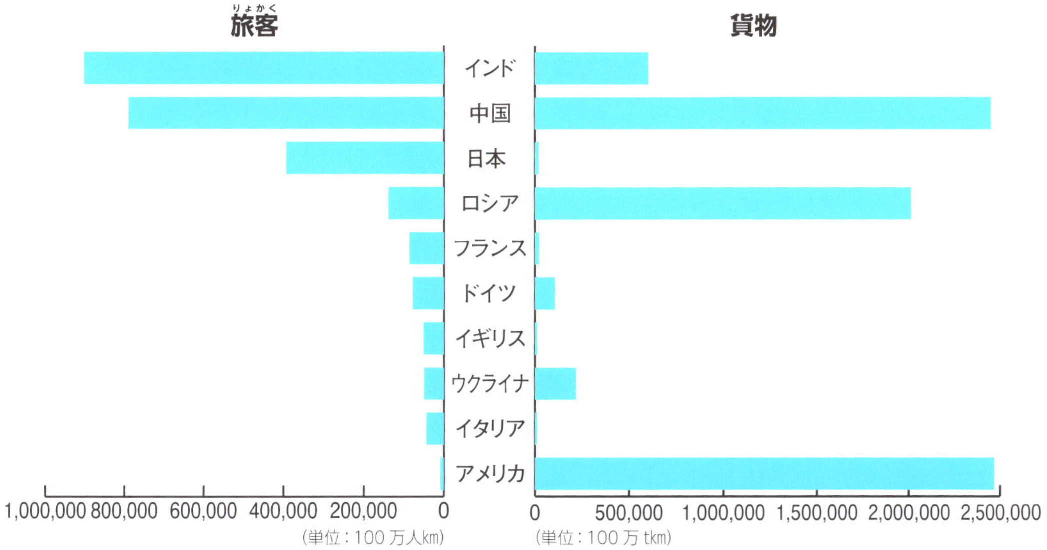

出典：表・グラフともに、総務省統計局「世界の統計 2013」

くらべてみよう過去《かこ》と現在《げんざい》

日本の人口は増《ふ》えている？

下の表と棒《ぼう》グラフは、1920年から2010年の日本の総人口《そうじんこう》のうつりかわりを示《しめ》したものです。総人口とともに、5年前とくらべて増《ふ》えたり減《へ》ったりした割合《わりあい》を、増減率《ぞうげんりつ》として記しています。

日本の人口は増加《ぞうか》しつづけ、2010年には1920年とくらべて倍以上となっていることがわかります。増減率を見ると、第二次世界大戦で多くの命が失われたことから、終戦の年の1945年は低くなっています。また、1980年以降《いこう》、増減率が下がりつづけていることから、棒グラフの高さの差が少なくなっています。

【表】総人口《そうじんこう》の推移《すいい》（1920年～2010年／5年ごと）

年	総人口（1,000人）	増減率（%）
1920	55,963	—
1925	59,737	6.7
1930	64,450	7.9
1935	69,254	7.5
1940	71,933	3.9
1945	72,147	0.3
1950	84,115	16.6

年	総人口（1,000人）	増減率（%）
1955	90,077	7.1
1960	94,302	4.7
1965	99,209	5.2
1970	104,665	5.5
1975	111,940	7.0
1980	117,060	4.6
1985	121,049	3.4

年	総人口（1,000人）	増減率（%）
1990	123,611	2.1
1995	125,570	1.6
2000	126,926	1.1
2005	127,768	0.7
2010	128,057	0.2

【グラフ】総人口《そうじんこう》の推移《すいい》（1920年～2010年／5年ごと）

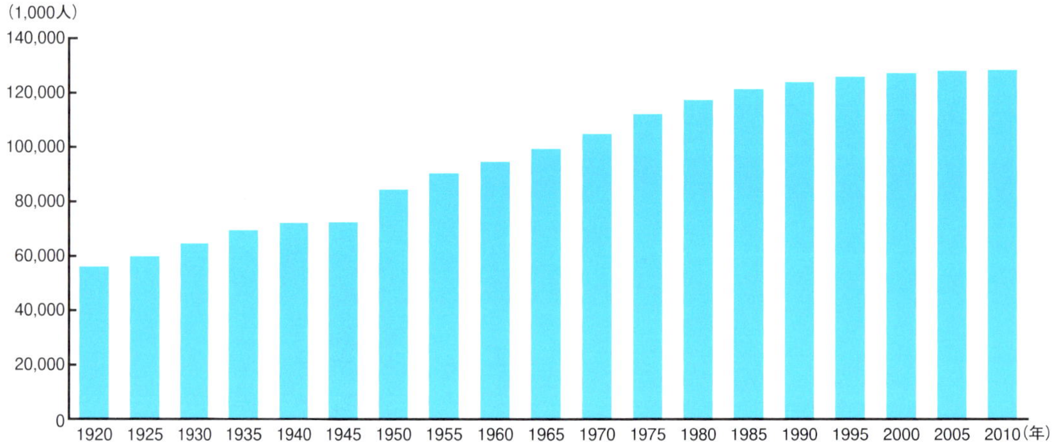

出典：表・グラフともに、総務省統計局「日本の統計 2013」

年齢別《ねんれいべつ》の人口はどのように変化した？

下の表とグラフは、1920 年と 2010 年の日本の年齢別《ねんれいべつ》人口を男女ごとに表したものです。このようなグラフを人口ピラミッドといいます。人口ピラミッドはヒストグラム（➡ P72）の一種です。

1920 年と 2010 年のグラフをくらべると、形がずいぶんと異《こと》なることがわかります。1920 年は年齢の低い人ほど数が多い「富士山型《ふじさんがた》」という形をしていますが、2010 年は子どもの数が少なく高齢者《こうれいしゃ》の数が多い「つぼ型」という形になっています。これは、日本では高齢者の割合《わりあい》が増加《ぞうか》する高齢化とともに、子どもの数が減少《げんしょう》する少子化が進んでいるためです。

【表】年齢《ねんれい》(5 歳《さい》階級) 別人口の比較《ひかく》

1920 年

年齢(歳)	総数(人)	男性(人)	女性(人)
0~4	7,457,715	3,752,627	3,705,088
5~9	6,856,920	3,467,156	3,389,764
10~14	6,101,567	3,089,225	3,012,342
15~19	5,419,057	2,749,022	2,670,035
20~24	4,609,310	2,316,479	2,292,831
25~29	3,923,949	2,008,005	1,915,944
30~34	3,609,450	1,833,443	1,776,007
35~39	3,410,738	1,707,771	1,702,967
40~44	3,243,764	1,640,254	1,603,510
45~49	2,658,567	1,340,404	1,318,163
50~54	2,234,762	1,122,240	1,112,522
55~59	1,840,093	912,085	928,008
60~64	1,655,805	803,033	852,772
65~69	1,312,537	614,479	698,058
70~74	896,618	399,540	497,078
75~79	482,012	198,253	283,759
80~84	174,183	65,473	108,710
85~89	62,236	20,687	41,549
90~94	11,742	3,426	8,316
95~99	1,915	556	1,359
100~104	81	19	62

2010 年

年齢(歳)	総数(人)	男性(人)	女性(人)
0~4	5,296,748	2,710,581	2,586,167
5~9	5,585,661	2,859,805	2,725,856
10~14	5,921,035	3,031,943	2,889,092
15~19	6,063,357	3,109,229	2,954,128
20~24	6,426,433	3,266,240	3,160,193
25~29	7,293,701	3,691,723	3,601,978
30~34	8,341,497	4,221,011	4,120,486
35~39	9,786,349	4,950,122	4,836,227
40~44	8,741,865	4,400,375	4,341,490
45~49	8,033,116	4,027,969	4,005,147
50~54	7,644,499	3,809,576	3,834,923
55~59	8,663,734	4,287,489	4,376,245
60~64	10,037,249	4,920,468	5,116,781
65~69	8,210,173	3,921,774	4,288,399
70~74	6,963,302	3,225,503	3,737,799
75~79	5,941,013	2,582,940	3,358,073
80~84	4,336,264	1,692,584	2,643,680
85~89	2,432,588	744,222	1,688,366
90~94	1,021,707	241,799	779,908
95~99	296,756	55,739	241,017
100~104	41,318	5,598	35,720

【グラフ】年齢《ねんれい》(5 歳《さい》階級) 別人口の比較《ひかく》

1920 年

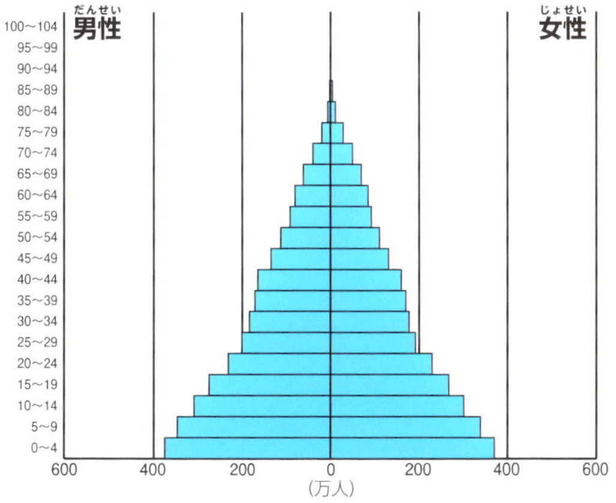

2010 年

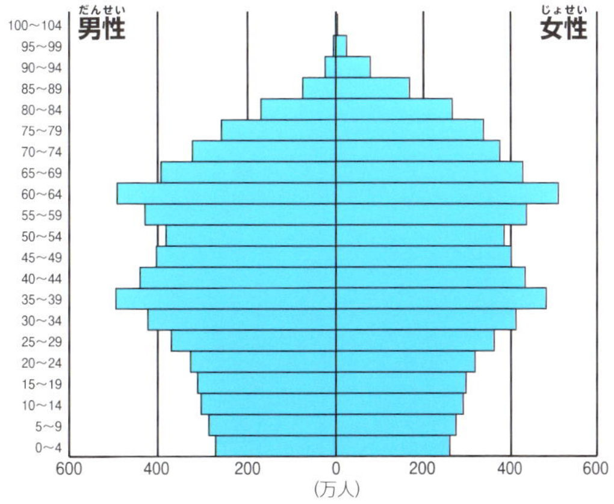

出典：表・グラフともに、総務省「国勢調査」

生まれてくる子どもの数は減《へ》るいっぽう？

ここでは、1975年から2010年までに、生まれた子どもの数（出生数）とともに、1人の女性《じょせい》が一生のあいだに生む子どもの数を示《しめ》す数値《すうち》（合計特殊出生率《とくしゅしゅっしょうりつ》）を、表とグラフに表しました。

グラフでは、出生数を棒《ぼう》グラフ・左のたて軸《じく》で、合計特殊出生率を折れ線グラフ・右のたて軸で示し、たがいの関係がわかるようにしました。どちらも減《へ》る傾向《けいこう》にあるものの、2005年と2010年をくらべると、わずかながら増《ふ》えています。

【表】出生数と合計特殊出生率《とくしゅしゅっしょうりつ》の推移《すいい》（1975年～2010年／5年ごと）

年	出生数（万人）＊	合計特殊出生率
1950	234	3.65
1955	173	2.37
1960	161	2.00
1965	182	2.14
1970	193	2.13
1975	190	1.91
1980	158	1.75
1985	143	1.76
1990	122	1.54
1995	119	1.42
2000	119	1.36
2005	106	1.26
2010	107	1.39

＊出生数は1000の位を四捨五入《ししゃごにゅう》している。

【グラフ】出生数と合計特殊出生率《とくしゅしゅっしょうりつ》の推移《すいい》（1975年～2010年／5年ごと）

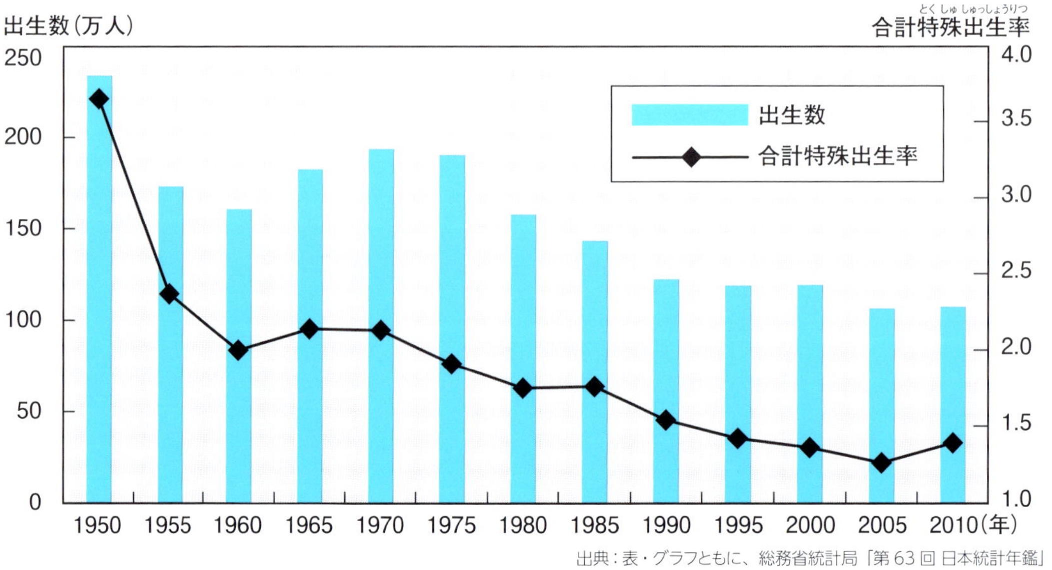

出典：表・グラフともに、総務省統計局「第63回 日本統計年鑑」

1人ぐらしの人や子どもといっしょにくらしていない人の数は増《ふ》えている？

下は、家族の種類の割合《わりあい》が変化しているようすを示《しめ》した、家族類型別構成《こうせい》割合の表とグラフです。1990年と2010年をくらべています。

帯《おび》グラフ（➡P68）を用いると、各項目《かくこうもく》が全体のうちどれだけ占《し》めるかといった割合を見ることができます。また、いくつかの帯グラフをならべると、割合の変化を見ることもできます。下の例の場合、昔と近年の変化のようすを、かんたんにくらべることができます。1人ぐらしの人や子どもといっしょにくらしていない人の占める割合は、どちらも増《ふ》えています。

【表】家族類型別構成割合《こうせいわりあい》（1990年と2010年の比較《ひかく》）

（単位：%）

世帯の種類	1990年	2010年
夫婦のみの世帯	15.5	19.8
夫婦と子どもからなる世帯	37.3	27.9
男親と子どもからなる世帯	1.0	1.3
女親と子どもからなる世帯	5.7	7.5
夫婦と両親からなる世帯	0.5	0.4
夫婦と1人親からなる世帯	1.4	1.4
夫婦と子どもと親からなる世帯	10.6	4.7
1人のみの世帯	23.1	32.4
その他の世帯	4.9	4.6
総数	100.0	100.0

【グラフ】家族類型別構成割合《こうせいわりあい》（1990年と2010年の比較《ひかく》）

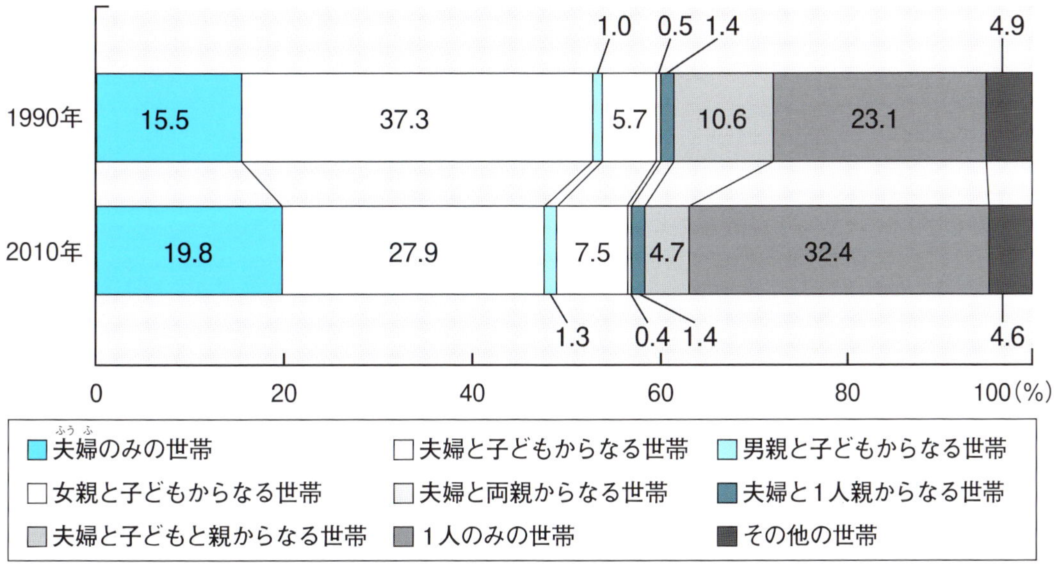

出典：表・グラフともに、総務省統計局「第63回 日本統計年鑑」

農業をおこなう耕地《こうち》は減《へ》っている？

　ここでは、農作物をつくるための田畑の面積のうつりかわりを、表とグラフで示《しめ》しました。1985年から2010年までの5年ごとの記録です。また、グラフでは、田んぼと畑をそれぞれ棒《ぼう》グラフで示しました。

　表やグラフからは、田んぼも畑もじょじょに減《へ》ってきていることが見てとれます。

【表】耕地《こうち》面積の推移《すいい》(1985年〜2010年)

(単位：1,000ha)

年	田	畑
1985	2,952	2,427
1990	2,846	2,397
1995	2,745	2,293
2000	2,641	2,189
2005	2,556	2,136
2010	2,496	2,097

【グラフ】耕地《こうち》面積の推移《すいい》(1985年〜2010年)

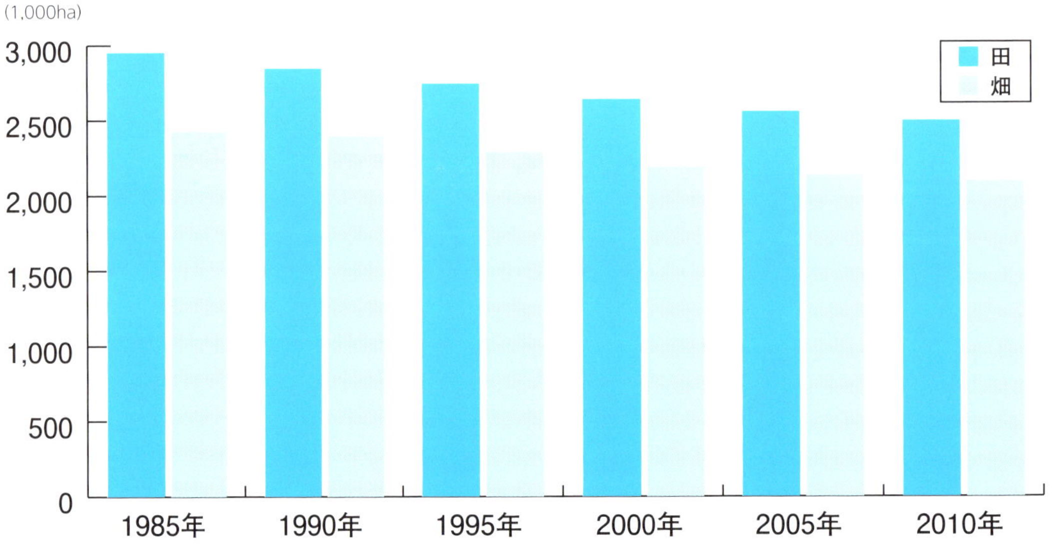

出典：表・グラフともに、農林水産省「耕地及び作付面積統計」

食料の生産と輸入《ゆにゅう》にはどんな関係がある？

ここでは、1990 年度から 2010 年度までの食料の国内生産量と輸入量《ゆにゅうりょう》を、5 年ごとに品目別の表とグラフで示《しめ》しました。品目ごとの折れ線グラフで国内生産量と輸入量をくらべると、どの品目も国内生産量は減《へ》る傾向《けいこう》にあり、輸入量は増《ふ》える傾向にあることが見てとれます。このことから、日本の食料は、年ねん輸入にたよるようになっていることがわかります。

【表】おもな食料の国内生産量の推移《すいい》
（1990 年度～ 2010 年度／5 年ごと）

（単位：1,000t）

年度	米	野菜	果実	肉類	魚介類《ぎょかいるい》
1990	10,499	15,845	4,895	3,478	10,278
1995	10,748	14,671	4,242	3,152	6,768
2000	9,490	13,704	3,847	2,982	5,736
2005	8,998	12,492	3,703	3,045	5,152
2010	8,554	11,730	2,960	3,215	4,782

【グラフ】おもな食料の国内生産量の推移《すいい》
（1990 年度～ 2010 年度）

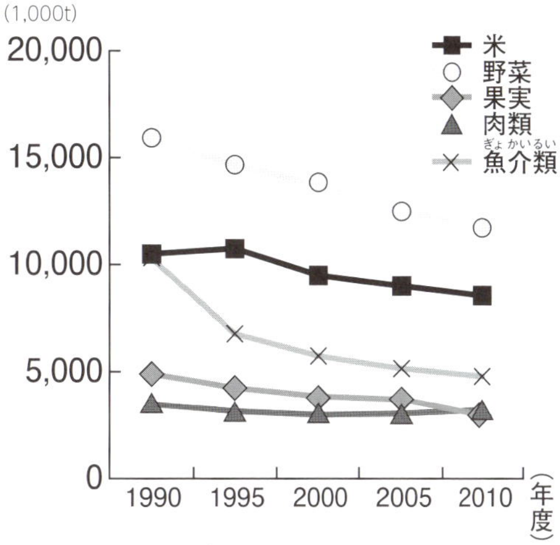

出典：表・グラフともに、農林水産省「食料需給表」

【表】おもな食料の輸入量《ゆにゅうりょう》の推移《すいい》
（1990 年度～ 2010 年度／5 年ごと）

（単位：1,000t）

年度	米	野菜	果実	肉類	魚介類《ぎょかいるい》
1990	50	1,551	2,978	1,485	3,823
1995	495	2,628	4,547	2,413	6,755
2000	879	3,124	4,843	2,755	5,883
2005	978	3,367	5,437	2,703	5,782
2010	831	2,783	4,756	2,588	4,841

【グラフ】おもな食料の輸入量《ゆにゅうりょう》の推移《すいい》
（1990 年度～ 2010 年度）

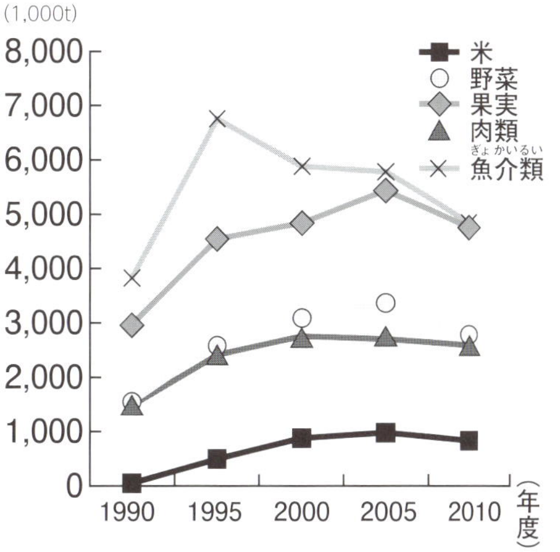

出典：表・グラフともに、農林水産省「食料需給表」

こんなこともくらべてみよう

日本の貿易《ぼうえき》の特徴《とくちょう》は？

日本は、石油や天然ガス、鉱物《こうぶつ》などの資《し》
源《げん》が少ない国です。いっぽうで、工業の発達した国で、すぐれた技術力《ぎじゅつりょく》をもっています。日本は、資源を海外から輸入《ゆにゅう》し、その資源によってさまざまな製品《せいひん》をつくり、輸《ゆ》
出《しゅつ》しています。

ここでは、製品別の輸入額《ゆにゅうがく》と輸出額《ゆしゅつがく》を大きい順に表とグラフでならべました。グラフは２種類ありますが、棒《ぼう》グラフは、単に輸入額と輸出額の大小を製品別にくらべるためのものです。いっぽう、円グラフ（➡P62）は、各製品の輸入額と輸出額が、それぞれの総額《そうがく》に占《し》める割合《わりあい》をくらべるためのものです。

これらの表やグラフをくらべてみても、日本の貿易《ぼうえき》の特徴《とくちょう》は見てとれます。

【表】おもな商品の輸入額《ゆにゅうがく》（2012年）

順位	商品	輸入額《ゆにゅうがく》（10億円）	構成比《こうせいひ》（%）
1	鉱物性燃料《こうぶつせいねんりょう》	24,088	34.1
2	電気機器	8,438	11.9
3	化学製品《せいひん》	5,926	8.4
4	食料品	5,852	8.3
5	原料別製品	5,508	7.8
6	一般《いっぱん》機械	5,004	7.1
7	原料品	4,768	6.7
8	輸送用《ゆそうよう》機器	2,312	3.3
	その他	8,793	12.4
	総額《そうがく》	70,689	100.0

【表】おもな商品の輸出額《ゆしゅつがく》（2012年）

順位	商品	輸入額《ゆにゅうがく》（10億円）	構成比《こうせいひ》（%）
1	輸送用《ゆそうよう》機器	14,995	23.5
2	一般《いっぱん》機械	12,843	20.1
3	電気機器	11,405	17.9
4	原料別製品《せいひん》	8,442	13.2
5	化学製品	6,365	10.0
6	原料品	1,060	1.7
7	鉱物性燃料《こうぶつせいねんりょう》	1,026	1.6
8	食料品	355	0.6
	その他	7,258	11.4
	総額《そうがく》	63,748	100.0

【グラフ】おもな商品の輸《ゆ》入額《にゅうがく》（2012年）

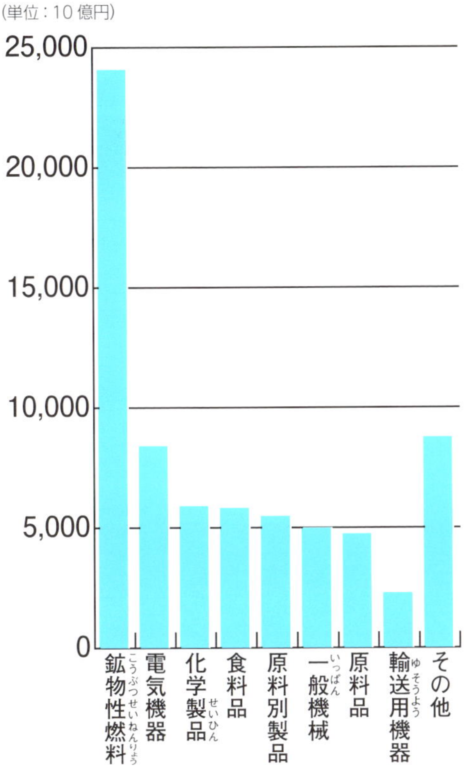

輸入総額《そうがく》：70兆6,890億円

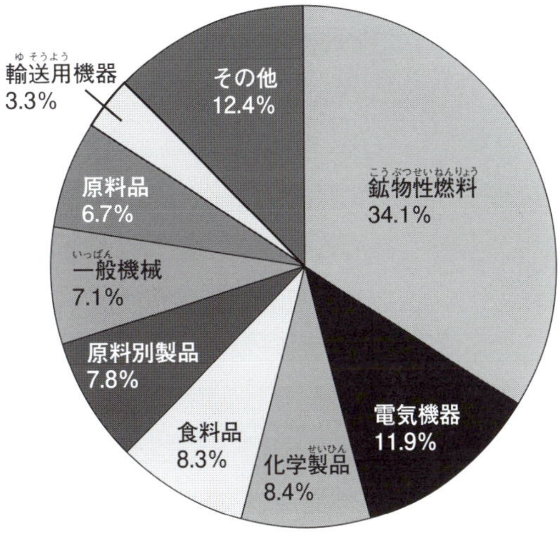

出典：表・グラフともに、財務省「貿易統計」

【グラフ】おもな商品の輸《ゆ》出額《しゅつがく》（2012年）

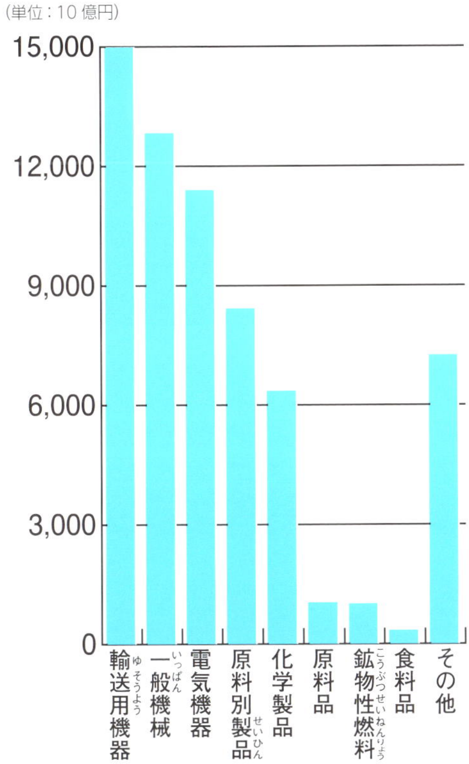

輸出総額《そうがく》：63兆7,480億円

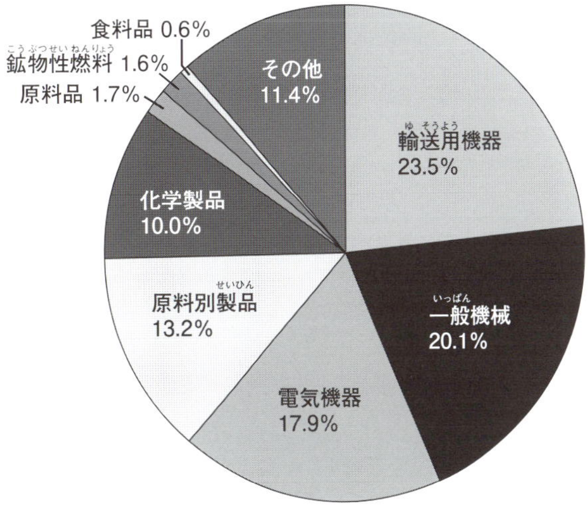

出典：表・グラフともに、財務省「貿易統計」

1 統計《とうけい》の歴史

**統計《とうけい》は、１人の人が発明したものではありません。
長い年月のあいだに、多くの人びとによって
形づくられてきました。**

国の実態《じったい》をとらえる

統計《とうけい》は、英語で「statistics《スタティスティックス》」といいます。これは、「国家」や「状態《じょうたい》」を意味する「status《スタトゥス》」というラテン語の言葉に由来します。

人が国をおさめるとき、その国について、数字を用いて表し、理解《りかい》しておく必要があります。たとえば税金《ぜいきん》の額《がく》を決める場合、国にどれだけの人がいるのか、どんなものがつくられているのかなどを把握《はあく》しなければなりません。

古代エジプトやローマ帝国《ていこく》では、人口や土地の調査《ちょうさ》がおこなわれたという記録が残っています。日本でも７世紀には全国の人口について記したとされる「庚午年籍《こうごねんじゃく》」という戸籍《こせき》がつくられています。このように統計は、はるか昔から国家運営《うんえい》に欠かせないものとして発展《はってん》してきました。

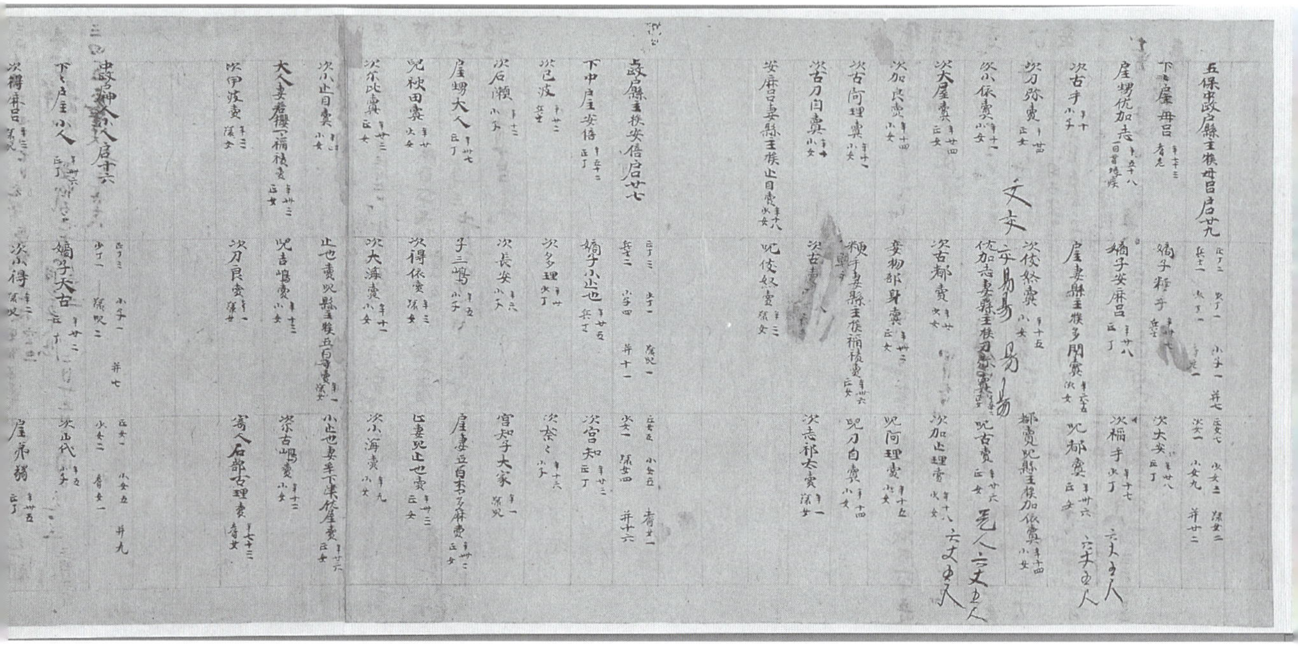

庚午年籍《こうごねんじゃく》は、670年、天智天皇《てんじてんのう》の命によってつくられたとされているが、現存《げんそん》していない。写真は702年につくられた戸籍《こせき》で、奈良《なら》の正倉院《しょうそういん》に残されている。

(『正倉院古文書　続修　第二巻』複製 国立歴史民俗博物館所蔵　原品 宮内庁正倉院事務所所蔵)

大量の現象《げんしょう》から規則性《きそくせい》を発見

17世紀のイギリスでは、社会の大量の現象《げんしょう》を観察して、そこに規則性《きそくせい》を見つけだす統計《とうけい》が発展《はってん》しました。

ロンドンの商人だったジョン・グラント（1620～1674）は、教会の資料《しりょう》をもとにした死亡表《しぼうひょう》*1を分析《ぶんせき》。その結果を現在《げんざい》の「生命表*2」とよばれる形式でまとめ、出生や死亡といった人口現象に規則があることを発見しました。個別《こべつ》に見ると偶然《ぐうぜん》としか思えない現象も、大量に観察すると一定の法則《ほうそく》・秩序《ちつじょ》があることを示《しめ》したのです。

ハレー彗星《すいせい》を発見したことで知られる天文学者のエドモンド・ハレー（1656～1742）もまた、一見偶然に見える人間の死亡に一定の規則があることを明らかにしました。当時のイギリスには、すでに生命保険《ほけん》会社がありましたが、保険料を適切《てきせつ》に設定《せってい》できていませんでした。ハレーがグラントの生命表を発展させ、さらにくわしい生命表がつくられたことによって、保険会社は合理的に保険料を算出できるようになりました。

*1 死亡者数《しぼうしゃすう》、死亡年齢《ねんれい》、死亡原因《げんいん》などに関する報告《ほうこく》からつくられた表。

*2 国民の生存《せいぞん》・死亡《しぼう》の状態《じょうたい》を表すために、年次別・年齢別《ねんれいべつ》・男女別などに分けて生存率《せいぞんりつ》・死亡率・平均余命《へいきんよめい》などをまとめた表。

確率的《かくりつてき》なことがらをとらえる

国家や大量の現象《げんしょう》をとらえる統計《とうけい》とは別に、確率的《かつりつてき》なことがらをとらえるための統計も発展《はってん》しました。これは、偶然《ぐうぜん》に勝負が決まる賭《か》けごとについて研究されるなかで発展していきました。ともにフランスの数学者だったブレーズ・パスカル（1623～1662）とピエール・ド・フェルマー（17世紀初頭～1665）は、サイコロを用いた賭けごとをテーマに手紙をやりとりし、そのなかから「確率論《かくりつろん》」の基礎《きそ》が生まれました。確率論はその後、数学における重要な一分野になり、18世紀に入ってからピエール＝シモン・ラプラス（1749～1827）など一流の数学者たちの研究を経《へ》てまとめられました。

哲学者《てつがくしゃ》でもあったパスカル（上）は「人間は考える葦《あし》である」という有名な言葉を残している。フェルマー（左下）が本の余白《よはく》にかいた「フェルマーの最終定理」は、数世紀のあいだ証明《しょうめい》することのできない数学の難問《なんもん》とされていた。ラプラス（右下）はメートル法の制定《せいてい》にもたずさわっている。

2 国の統計《とうけい》

国、都道府県、市区町村も、
さまざまな統計《とうけい》をつくっています。
どんなものがあるのでしょうか。

国の統計《とうけい》

国や都道府県、市区町村は、その国や地《ち》域《いき》の状況《じょうきょう》を正しく把握《はあく》し、どのように運営《うんえい》していくかを決めるために、さまざまな統《とう》計《けい》をつくっています。統計をつくるときの方法や情報《じょうほう》の集め方で分けると、調査《ちょうさ》統計、業務《ぎょうむ》統計、加工統計の３種類があります。

■調査統計《ちょうさとうけい》

統計《とうけい》をつくることを目的に調査《ちょうさ》をおこない、その結果を統計としてまとめたものを、調査統計といいます。調査統計の代表例として、国勢《こくせい》調査があります。

●国勢調査《こくせいちょうさ》：国の人口・世帯の実態《じったい》を明らかにすることを目的におこなわれる、国の最も重要な統計《とうけい》調査。世界の多くの国ぐにで定期的におこなわれているが、日本では5年ごとに、西《せい》暦《れき》の末尾《まつび》が0または5の年におこなわれる。日本の国勢調査では、10月1日現在《ついたちげんざい》、日本国内に住んでいるすべての人を、ふだん住んでいるところで調査する。そのため、日本在住《ざいじゅう》の外国人も国籍《こくせき》に関係なく調査の対象となる。

国勢調査《こくせいちょうさ》で配られる調査票《ちょうさひょう》（見本）。国の重要な統計《とうけい》調査については、調査対象者には調査票に記入して提出《ていしゅつ》する義務《ぎむ》が課せられている（➡ P29）。

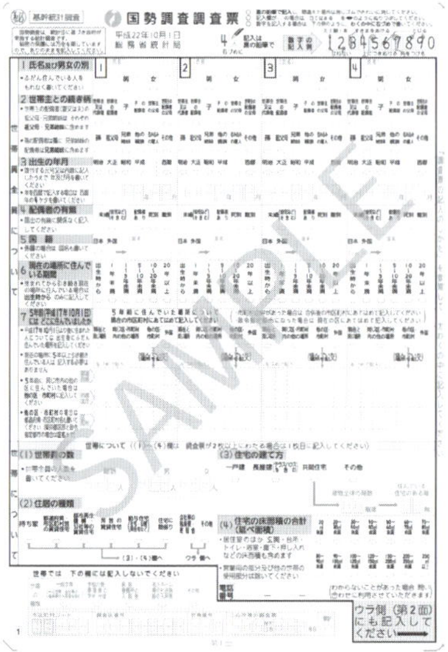
国勢調査調査票
1 氏名及び男女の別
2 世帯主との続き柄
3 出生の年月
4 配偶者の有無
5 国籍
SAMPLE

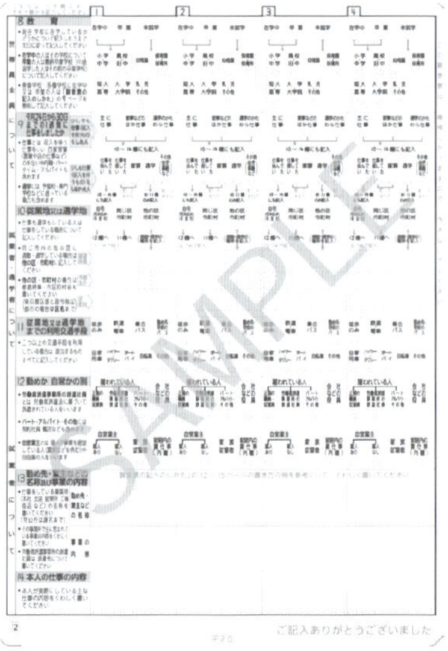
8 教育
10 従業地又は通学地
12 勤めか自営かの別
本人の仕事の内容
SAMPLE
ご記入ありがとうございました

業務統計《ぎょうむとうけい》

個人《こじん》や会社が国・自治体の役所に申告《しんこく》したり届《とど》け出《で》をしたりしたときの資料《しりょう》をもとにしてつくられた統計《とうけい》を、業務統計といいます。業務統計の例としては、貿易《ぼうえき》統計や出入国管理統計などがあります。

●**貿易統計《ぼうえきとうけい》**：日本の貿易についてまとめた統計。日本からの輸出《ゆしゅつ》貨物および日本への輸入《ゆにゅう》貨物について、税関《ぜいかん》を通過《つうか》するときに提出《ていしゅつ》された資料《しりょう》（輸出申告書《しんこくしょ》、輸入申告書など）にもとづいてつくられる。毎月１回、財務省《ざいむしょう》より公表される。

●**出入国管理統計《とうけい》**：出入国管理とは、人が異《こと》なる国家間を出入りする際《さい》に、出入りされる国がその出入国について管理・把握《はあく》すること。統計は、出入国に関して毎日おこなわれる業《ぎょう》務《む》の記録にもとづいてつくられる。法務省《ほうむしょう》により月報《げっぽう》や年報《ねんぽう》が発表されている。

加工統計《とうけい》

加工統計《とうけい》は、ほかの統計を材料にして、それらを組みあわせてつくる統計です。そのため、二次統計ともよばれます。人口推《すい》計《けい》や国民経済《けいざい》計算などが一例です。

●**人口推計《すいけい》**：総務省統計局《そうむしょうとうけいきょく》が、国勢調査《こくせいちょうさ》による人口をもとに、その後の人口の動きをほかの人口関連資料《しりょう》から得て、人口を推計したもの。毎月１日現在《ついたちげんざい》の人口を算出している。

●**国民経済《けいざい》計算**：国の経済を世界共通の基準《きじゅん》によってさまざまな側面から把握《はあく》・記録することで、その国の経済の全体像を明らかにしようとする統計《とうけい》。内閣府《ないかくふ》によって、さまざまな統計をもとに作成される。

日本の空港や港では、入国審査官《しんさかん》によって、外国人の入国や在留《ざいりゅう》の審査、日本人の出国や帰国のチェックなどがおこなわれている。こうした業務《ぎょうむ》の記録にもとづき、出入国管理統計《とうけい》がつくられている。

3

統計《とうけい》の法律《ほうりつ》

日本政府《せいふ》の機関がつくる統計《とうけい》に関しては、「統計法」によって基本的《きほんてき》なルールが定められています。その内容《ないよう》について見ていきましょう。

統計法《とうけいほう》と社会の変化

1947（昭和 22）年、「統計法《とうけいほう》」という名前の法律《ほうりつ》が定められ、その後、日本の統計に関する基本的《きほんてき》なルールとしてありつづけました。

しかし長い年月を経《へ》て、社会や経済《けいざい》の情《じょう》勢《せい》が変化し、その変化に対応《たいおう》した統計がつくられていないという批判《ひはん》が出るようになりました。また、コンピュータ技術《ぎじゅつ》の進展《しんてん》によって、法律を定めた当時には考えられなかった統計のつくり方・つかい方ができるようになりました。いっぽうで、人びとのプライバシー意識《いしき》が高まり、自身の情報《じょうほう》がもれるのではないかという心配や悪用されることへの警戒感《けいかいかん》から、統計調査《ちょうさ》へ協力しようという意識が低下してきました。調査対象者の負担軽減《ふたんけいげん》を求める声も高まりました。こうした状況《じょうきょう》を受けて、2007（平成 19）年、「統計法」という法律名は変わらずに、内容《ないよう》が全面的に改正されました。

統計法《とうけいほう》改正の背景《はいけい》と改正内容《ないよう》

法改正の背景《はいけい》	新しい統計法では
・統計《とうけい》の体系整備《たいけいせいび》が不十分である。 ・社会の求める統計と政府の統計（公的統計）がかみあわない。	・公的統計の整備に関する基本的《きほんてき》な計画をつくる。 ・公的統計の専門的《せんもんてき》かつ中立公正な調査審議《しんぎ》機関として、統計委員会を内閣府《ないかくふ》に設置《せっち》する。
・国民が統計データを利用するための制度が未整備である。	・統計データの利用を促進《そくしん》するための制度《せいど》をつくる。
・国民のプライバシー意識《いしき》などが高まる。 ・調査《ちょうさ》対象者の負担《ふたん》が増大《ぞうだい》する。	・秘密保護《ひみつほご》を強化し、国の統計調査をよそおっておこなわれるうその調査（かたり調査）を禁止《きんし》する。 ・行政《ぎょうせい》機関が業務《ぎょうむ》のために必要な情報《じょうほう》を集めた記録（行政記録）を活用し、調査対象者の負担を軽くする。

どんなことが定められている？

新しい統計法《とうけいほう》では、政府《せいふ》の機関がつくる統計（公的統計）についての基本的《きほんてき》なルールが定められています。公的統計を作成・提供《ていきょう》するときの手続き、統計調査《ちょうさ》で集めた個人《こじん》や会社の情報《じょうほう》の保護《ほご》、効率的《こうりつてき》に統計を整備《せいび》していくためのしくみなどについて記されています。また、国勢《こくせい》調査のように国の基本となるとくに重要な統計調査（基幹《きかん》統計調査）では、調査をおこなう機関に対してきびしい決まりがもうけられています。統計の数字をつごうよく変えたり、公表前に結果をもらしたりすることは固く禁《きん》じられています。

いっぽう、調査を受ける個人や会社が守るべきルールもあります。基幹統計調査の場合、調査対象者には回答の義務《ぎむ》が定められています。回答をこばんだり、うそを答えたりした場合の罰則《ばっそく》もあります。

なお、統計法は公的統計を対象に定められたものなので、個人や会社などが統計をつくるときには法律《ほうりつ》にしばられません。

ワンポイント

「社会の情報基盤《じょうほうきばん》」としての統計《とうけい》

統計法《とうけいほう》が全面的に改正される前は、統計はおもに国や自治体、研究者が利用するものでした。しかし、統計は国民や民間の会社がものごとを合理的に判断《はんだん》するときの基《き》盤《ばん》となるため、すべての国民の共有財産《ざいさん》であるという考えが広まってきました。最近は統計のことを「社会の情報《じょうほう》基盤」とよぶこともあります。改正された統計法では、社会に必要とされる公的統計が効率的《こうりつてき》かつ国民の役に立つようつくられるためのルールを定めています。

社会と統計《とうけい》の関係

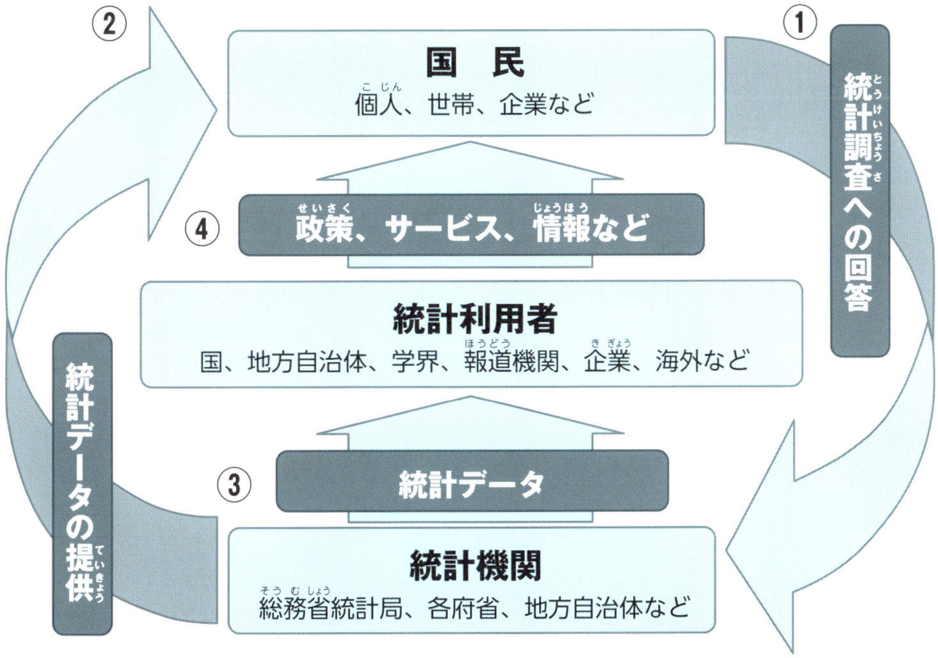

4

統計《とうけい》ができるまで

統計《とうけい》は、どのような段階《だんかい》を経《へ》てつくられるのでしょうか。ここでは、総務省《そうむしょう》統計局がおこなう統計調査《ちょうさ》の流れにそって、統計ができるまでを見てみましょう。

4つの段階《だんかい》

統計調査《とうけいちょうさ》には、大きく分けて「調査の企《き》画《かく》・設計《せっけい》・実施体制《じっしたいせい》の整備《せいび》」「調査の実施」「調査結果の集計」「調査結果の公表」という4つの段階《だんかい》があります。それぞれの内容《ないよう》をくわしく見ていきましょう。

調査《ちょうさ》の企画《きかく》・設計《せっけい》・実施体制《じっしたいせい》の整備《せいび》

①目的・事項《じこう》・時期・方法を考える

まず、何のために、何について調べ、どのような結果がほしいかという調査《ちょうさ》目的をはっきりとさせます。そして、調査の目的や性格《せいかく》に応じて、調査事項《じこう》・方法・集計内《ない》容《よう》などについて検討《けんとう》します。

調査事項については、ひとつひとつのことがらが調査目的にそって必要なものかどうかを考えていきます。また、回答者が記入しやすいような調査票の設計《せっけい》などについても検討します。

調査時期は、実際《じっさい》に調査をおこなう時期をいつにするか、調査に答える事項がいつ時点のことかを明確《めいかく》にします。

調査方法については、統計調査員（➡P31）が調査対象をたずねて調査票に記入してもらったり聞きとったりするのか（調査員調査）、調査対象に調査票を送って回答してもらうのか（郵送《ゆうそう》調査）などを考えます。また、全数調査・標本調査のどちらにするのかを決めます（➡ワンポイント）。

ワンポイント

全数調査《ちょうさ》と標本調査

「全数調査《ちょうさ》」とは、調べようとする集団《しゅうだん》の全体について調査する方法です。日本に住んでいるすべての人と世帯（家族）を対象におこなう国勢《こくせい》調査は、全数調査です。

いっぽう、ある集団から一部の対象だけを選んでおこない、集団全体の特徴《とくちょう》を推定《すいてい》する調査もあります。これを「標本調査」といい、実際《じっさい》に調査された一部のことを「標本（サンプル）」といいます。標本調査は、すべての対象を調査するわけではないので、結果に誤差《ごさ》がふくまれます。標本がある部分にかたよってしまうと、誤差が大きくなり、集団全体の特徴をうまくつかむことはできません。そのため、標本の選び方がとても重要です。標本の選び方を工夫《くふう》すれば、誤差をできるだけ小さくし、調査にかかる費用や時間を大幅《おおはば》に軽減《けいげん》することができます。多くの場合、統計《とうけい》調査は標本調査によりおこなわれています。

②試験調査《ちょうさ》をおこなう

大規模《だいきぼ》な調査《ちょうさ》や新しくおこなう調査などの場合、実際《じっさい》の調査にあたって調査票の設計《せっけい》や調査方法に問題がないかなどをたしかめるため、試験調査をおこないます。もし問題が見つかれば、どうしてうまくいかないのかをよく考え、調査方法を変えたり調査票をつくりなおしたりすることもあります。

③調査《ちょうさ》書類を作成し、調査体制《たいせい》をととのえる

調査票《ちょうさひょう》や記入者向けの説明書、統計《とうけい》調査員（➡ワンポイント）に向けた説明書類など、調査に必要な書類をつくります。また、統計調査員を配置するなど、調査体制《たいせい》をととのえます。

④統計調査員《とうけいちょうさいん》へ調査方法などを説明する

統計調査員《とうけいちょうさいん》に対して、調査内容《ないよう》や調査方法などの説明をおこない、問題なく調査が進められるようにします。

統計調査員《とうけいちょうさいん》を募集《ぼしゅう》するチラシ（岐阜県大垣市《ぎふけんおおがきし》）。都道府県や市区町村のホームページでは、統計調査員の募集について見ることができる。

ワンポイント

統計調査員《とうけいちょうさいん》って何？

統計調査員《とうけいちょうさいん》とは、国などが実施《じっし》する各種統計調査の際《さい》に、調査票の配布《はいふ》・回収《かいしゅう》・点検《てんけん》をおこなう人です。調査の実施ごとに、国（大臣や国の機関の長）または都道府県知事によって任命され、非常勤《ひじょうきん》＊1の公務員《こうむいん》として仕事にあたります。通常《つうじょう》は、調査員の仕事を希望する人が都道府県や市区町村の統計担当部署《たんとうぶしょ》にあらかじめ登録するという方法で募集《ぼしゅう》がおこなわれています。登録者（登録調査員）は調査の際に依頼《いらい》の連絡《れんらく》を受け、統計調査員として活動します。

それぞれの都道府県や市区町村では、調査員の登録基準《きじゅん》をもうけています。

以下は、総務省《そうむしょう》が提示《ていじ》する基準例の一部です。

- 統計に関し理解《りかい》と熱意を有し、責任《せきにん》をもって調査事務《じむ》を遂行《すいこう》できる者
- 調査で知りえた秘密《ひみつ》を守ることができるとみとめられる者
- 原則《げんそく》として、満20歳《さい》以上満○歳以下の者（年齢《ねんれい》の上限《じょうげん》をもうけるかどうかは、都道府県や市区町村にゆだねられている）
- 警察《けいさつ》、税務《ぜいむ》、興信所《こうしんじょ》＊2、報道《ほうどう》関係、選挙活動に直接《ちょくせつ》関係のない者

＊1 決まった日や時間だけ勤務《きんむ》すること。

＊2 企業《きぎょう》や個人《こじん》について秘密《ひみつ》に調査《ちょうさ》し、依頼者《いらいしゃ》に報告《ほうこく》する機関。

調査《ちょうさ》の実施《じっし》

⑤調査《ちょうさ》対象を把握《はあく》し、調査票を配布《はいふ》・回収《かいしゅう》する

調査員《ちょうさいん》調査では、調査対象がだれでどこにいるかなどを把握《はあく》・確認《かくにん》し、統計《とうけい》調査員が一定の時期（期間）に、決められた方法によって調査票を配布《はいふ》します。調査票の記入が終わると、調査員が調査対象をたずねて調査票を回収《かいしゅう》します。調査票を回収後、都道府県または市区町村に提出《ていしゅつ》します。

郵送《ゆうそう》調査の場合は、調査票に記入した人が、決まりにしたがって調査票を都道府県や市区町村に郵便《ゆうびん》で送ります。

⑥調査《ちょうさ》書類を検査《けんさ》・提出《ていしゅつ》する

都道府県や市区町村の統計担当職員《とうけいたんとうしょくいん》などが、回収《かいしゅう》された調査票の記入内容《ないよう》にもれがないか、質問《しつもん》の答えをまちがった回答欄《かいとうらん》に記入していないかなどを確認《かくにん》します。不備《ふび》があった場合、調査対象に連絡《れんらく》して、確認のうえで訂正《ていせい》します。また、調査票以外の調査書類についても点検《てんけん》します。

調査票の検査後《けんさご》、調査票とそれ以外の調査書類を整理して、総務省統計局《そうむしょうとうけいきょく》に提出《ていしゅつ》します。

調査票《ちょうさひょう》の配布《はいふ》・回収《かいしゅう》方法の長所と短所

調査方法		長所	短所
配布《はいふ》方法	調査員が配布	・世帯に記入方法や調査の意義《いぎ》を説明できる。 ・世帯名簿《めいぼ》をつくることで、結果を早く公表できる。 ・世帯の居住《きょじゅう》を確認《かくにん》し、もれや重複《ちょうふく》がなく調査できる。	・世帯と直接会うときに、トラブルが起きる場合がある。 ・世帯を何度も訪問《ほうもん》する調査員の負担《ふたん》が大きい。
配布方法	郵送《ゆうそう》配布	・調査員が世帯と直接会うことによるトラブルが生じない。 ・調査員の負担が少ない。	・世帯に記入方法や調査の意義が説明できない。 ・居住が確認できず、世帯名簿がつくれない。 ・あらかじめ住所のリストが必要となる。
回収《かいしゅう》方法	調査員が回収	・世帯と直接《ちょくせつ》会うことにより、回収率《かいしゅうりつ》が高い。 ・封《ふう》をされていない場合、記入内容《ないよう》を点検《てんけん》できる。	・世帯と直接会うときに、トラブルが起きる場合がある。 ・世帯を何度も訪問する調査員の負担が大きい。 ・世帯が提出《ていしゅつ》したくても、調査員に会えない場合がある。
回収方法	郵送提出	・調査員が世帯と直接会うことによるトラブルが生じない。	・回収率が低い。 ・調査員が点検できない。 ・すでに提出した世帯を調査員がふたたび訪問しないしくみが必要。 ・調査票の受けつけ・確認事務《じむ》が長引き、結果の公表がおくれてしまう可能性《かのうせい》がある。

調査《ちょうさ》結果の集計

⑦統計《とうけい》センターで集計する

　都道府県や市区町村から総務省《そうむしょう》統計局《とうけいきょく》に送られてきた調査票は、統計局から独立《どくりつ》行政《ぎょうせい》法人*統計センター（➡ワンポイント）に送られます。統計センターでは、調査結果を、コンピュータをつかって何度も計算したり多くの人がたしかめたりするなどして集計します。

調査《ちょうさ》結果の公表

⑧結果を分析《ぶんせき》・公表し、報告書《ほうこくしょ》をつくる

　統計《とうけい》センターで調査《ちょうさ》結果の集計がおこなわれたあと、統計局《とうけいきょく》へ結果表などが送られます。統計局では、結果表などを通じて、調査結果から見られる傾向《けいこう》を読みとり、分《ぶん》析《せき》します。

　分析後、調査結果を公表します。結果の概要《がいよう》やデータを整理した統計表を、その分析結果とともに、テレビや新聞などの報道《ほうどう》機関に発表し、国民にわかりやすく説明します。調査結果は、インターネットを通じて統計局のホームページから見ることもできます。

　また、くわしい調査結果を報告書《ほうこくしょ》にまとめ、都道府県や市区町村の窓口《まどぐち》、図書館などにも配布《はいふ》し、国民のだれもが見ることができるようにしています。

＊法人とは、法律《ほうりつ》によって権利《けんり》・義務《ぎむ》の主体としてみとめられた団体《だんたい》のこと。独立行政《どくりつぎょうせい》法人は、政府《せいふ》の事業のうち、博物館、病院、研究機関など、独立して運営《うんえい》したほうが効率的《こうりつてき》な部門を分離《ぶんり》独立させた法人を指す。

ワンポイント

統計《とうけい》センターとは？

　統計《とうけい》センターは、総務省《そうむしょう》の管理下にある独立行政《どくりつぎょうせい》法人です。国勢調査《こくせいちょうさ》や消費者物価《ぶっか》指数など、日本の基本《きほん》となる統計調査の集計を担当《たんとう》しています。また、中央省庁《しょうちょう》や都道府県からたのまれた統計の作成などもおこなっています。

統計《とうけい》センターは統計局などとともに総務省《そうむしょう》の第２庁舎《ちょうしゃ》（東京都新宿区）にある。

5 統計《とうけい》をつくってみよう

**自由研究や調べ学習などで統計《とうけい》をつくるとき、
どのように進めていけばよいかを見ていきましょう。
30〜33ページで紹介《しょうかい》した国の統計づくりと、多くの共通点が見られます。**

①テーマを決めよう

まずは、調べるテーマを決めます。日ごろから疑問《ぎもん》に思っていることや興味《きょうみ》のあること、身近なこと、ニュースで見たり聞いたりしてさらにくわしく知りたいと思ったことなど、どんなことでもテーマとなりえます。

テーマを選ぶときに、そのテーマを選んだ理由や知りたいと思ったことなどをメモしておくと、最後のまとめの際《さい》に役立ちます。

なお、研究タイトルはテーマと深く関係がありますが、テーマ決めの段階《だんかい》でしっかりと決めてしまう必要はありません（➡P40）。

テーマの例

●身のまわり（家庭、学校、地域《ちいき》など）のこと

・家族
・友だち
・学校生活
・自分の住んでいる町や県

●テレビや新聞で話題になっていること

・自然災害《さいがい》
・節電
・地球温暖化《おんだんか》
・消費税《しょうひぜい》

●自分の好きなことや興味《きょうみ》のあること

・趣味《しゅみ》
・習いごと
・お手伝い
・将来《しょうらい》の夢

②結果の予想を立てよう

実際《じっさい》に研究・調査《ちょうさ》をおこなう前に、結果について自分なりの予想を立て、どうしてそう予想したかの理由を考えましょう。予想を立てることで、その後の調べる作業のなかで気づくことが多くなります。

③調べる方法・進め方の計画を立てよう

テーマを決めたあとは、何についてどのように調べていくのか、計画を立てます。

テーマによっては調べるのに何日も必要なものもあるので、自由研究や調べ学習のしめきりがある場合は注意が必要です。結果をまとめるのに必要な時間もふくめておよそ何日くらいかかりそうか、はじめる前に考えておきましょう。

統計《とうけい》は、自分でデータをとる方法と、図書館やインターネットなどでデータを探すという方法があります。また、2つの方法を組みあわせることもできます。

グループで調べる場合は、だれが何を担《たん》当《とう》するのか役割分担《やくわりぶんたん》を決めておくと、研究をスムーズに進められます。

自由研究でアサガオの花の数を調べてデータをとる場合は、一定の期間に毎日観察する必要がある。

図書館では書籍《しょせき》や新聞など豊富《ほうふ》な資料《しりょう》を利用できる。

④どんな結果が出るか調べてみよう

③で決めた方法・計画にしたがって、実《じっ》際《さい》にデータを集めます。

自分でデータをとる場合

自分でデータをとるには、観察や調査《ちょうさ》をしたり、アンケートをとったりする方法があります。

観察や調査をするときは、場所、時間、天候などの条件《じょうけん》や環境《かんきょう》を記録しておきましょう。自然のなかで調べるときはもちろん、人の動きやものの値段《ねだん》といった社会のなかのことも、場所や曜日、時間などで異《こと》なることが多くあります。データを集めたときの条件がちがいすぎると、データをくらべるときに正確《せいかく》な分析《ぶんせき》ができなくなります。たとえば、アサガオの花の数を記録する場合、その日にさいた正確な花の数がわかるように、毎朝同じ時刻《じこく》に数える必要があります。

アンケートをとる場合、質問《しつもん》のしかたには２種類あります。あらかじめ答えの選択《せんたく》肢《し》を用意し、そのなかから回答者に選んでもらう選択回答型質問と、自由に答えをかいてもらう自由回答型質問です。選択回答型質問はアンケートの結果をまとめやすい方法です。いっぽう、自由回答型質問が多すぎると、アンケートをまとめるのが大変になってしまうことがあります。

質問をつくるときはわかりやすい言葉を用い、あいまいな言葉は用いないようにします。また、答えを誘導するような質問はさけましょう。

アンケート用紙の例

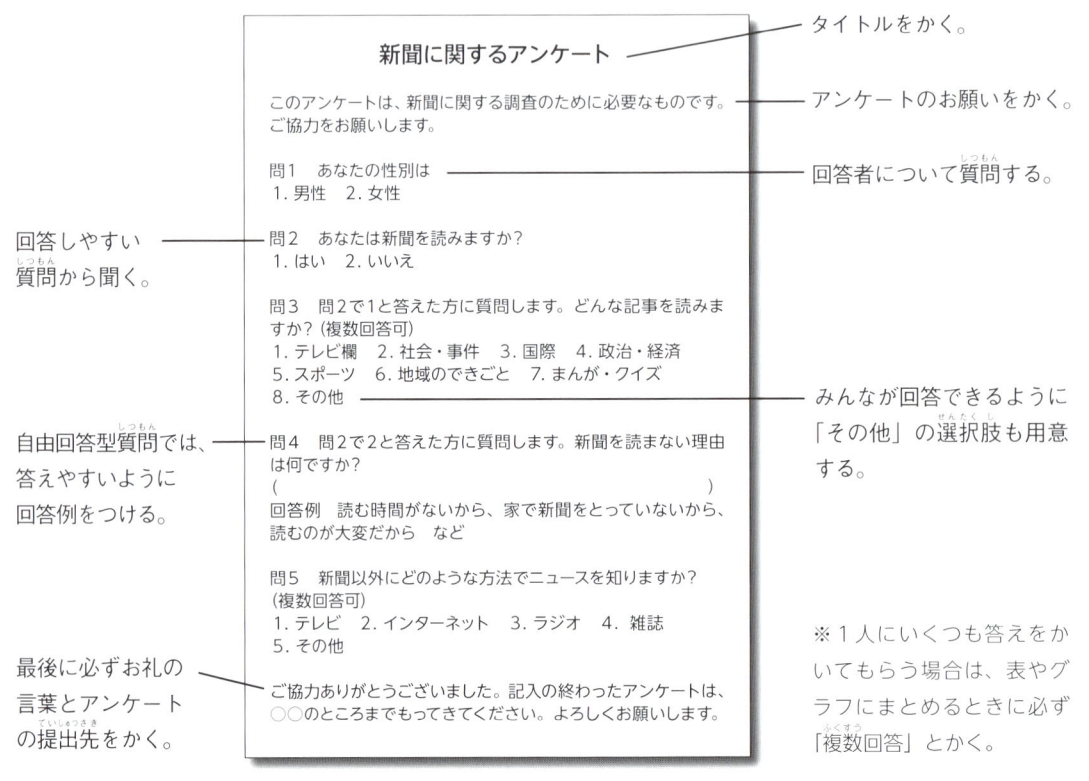

新聞に関するアンケート

このアンケートは、新聞に関する調査のために必要なものです。
ご協力をお願いします。

問1　あなたの性別は
1. 男性　2. 女性

問2　あなたは新聞を読みますか？
1. はい　2. いいえ

問3　問2で1と答えた方に質問します。どんな記事を読みますか？（複数回答可）
1. テレビ欄　2. 社会・事件　3. 国際　4. 政治・経済
5. スポーツ　6. 地域のできごと　7. まんが・クイズ
8. その他

問4　問2で2と答えた方に質問します。新聞を読まない理由は何ですか？
（　　　　　　　　　　　　　　　　　　　　）
回答例　読む時間がないから、家で新聞をとっていないから、読むのが大変だから　など

問5　新聞以外にどのような方法でニュースを知りますか？
（複数回答可）
1. テレビ　2. インターネット　3. ラジオ　4. 雑誌
5. その他

ご協力ありがとうございました。記入の終わったアンケートは、○○のところまでもってきてください。よろしくお願いします。

タイトルをかく。

アンケートのお願いをかく。

回答者について質問《しつもん》する。

回答しやすい質問《しつもん》から聞く。

みんなが回答できるように「その他」の選択肢《せんたくし》も用意する。

自由回答型質問《しつもん》では、答えやすいように回答例をつける。

最後に必ずお礼の言葉とアンケートの提出先《ていしゅつさき》をかく。

※１人にいくつも答えをかいてもらう場合は、表やグラフにまとめるときに必ず「複数《ふくすう》回答」とかく。

図書館を利用する場合

図書館でデータを集めるときには、関係のありそうな分野の棚《たな》をさがします。より効率的《こうりつてき》にデータを集めるために、本の案内をしてくれる司書や図書館のスタッフに資《し》料《りょう》さがしの手伝いをお願いしてもよいでしょう。パソコンで本を検索《けんさく》できる場合は、それも活用してみましょう。

なお、図書館の本のなかには、出版《しゅっぱん》されてから長い年月がたっているものもあります。あまりに古いデータだと現在《げんざい》のようすとは大きく異《こと》なっている可能性《かのうせい》があるため、できるだけ新しいデータをさがしましょう。さがすときに、いつごろのデータなのかをわすれずに確認することが必要です。

また、本から資料を手に入れたときは、その本のタイトルや著者名《ちょしゃめい》をメモしておきましょう。

インターネットを利用する場合

インターネット上では、膨大《ぼうだい》な数の統計《とうけい》を見ることができます。正確《せいかく》で信頼《しんらい》できる統計を手に入れるためには、総務省《そうむしょう》統計局のホームページのほか、省庁《しょうちょう》や都道府県、市区町村の子ども向けサイトなどを見てみるとよいでしょう（➡ P91、92）。

インターネットで統計データを手に入れた場合は、ウェブサイトの名前とアドレス（URL《ユーアールエル》）をメモしておく必要があります。

ワンポイント

大人への取材

今と昔をくらべるといった研究をおこなう場合、本やインターネットで調べるほか、両親や祖父母《そふぼ》など、身近な大人に昔のことを取材してみるのもよい方法です。自分で集めたり調べたりしたデータからはわからない情報《じょうほう》が手に入ったり、実際《じっさい》の声によってデータの正しさをうらづけできたりするかもしれません。

統計《とうけい》データのあるウェブサイト内には、そのデータを利用する上で注意する点や関連のある統計などといった情報《じょうほう》が収録《しゅうろく》されていることが多い。そうした情報にも気をつけながら利用するとよい。

⑤結果をまとめて下がきしよう

■どのような形にまとめるかを決める

調査《ちょうさ》結果をどのような形にまとめるかを決めます。データの内容《ないよう》やテーマの特性《とくせい》を考え、その内容に適《てき》した表・グラフを選びます（それぞれの表やグラフの特徴《とくちょう》やかき方などについてはパート２を参照）。

クラスで発表するときは、大きな模造紙《もぞうし》やポスターにまとめると見やすくなります。先生に見てもらうだけのときはノートやレポート用紙を用いるとよいでしょう。宿題として提出《ていしゅつ》するときやコンクール（➡P89、90）に応募《おうぼ》するときは、どのような形にまとめるかを決められていることが多いので、確認《かくにん》が必要です。

■構成《こうせい》を考える

ノートやレポート用紙にまとめる場合、まず目次を下がきしましょう。

模造紙《もぞうし》やポスターにまとめる場合、いきなりかきはじめると失敗《しっぱい》する可能性《かのうせい》があるので、どこに、何を、どれくらいの大きさでかくかといった全体の構想《こうそう》を固めましょう。

いずれの場合も、つぎのような項目《こうもく》を必ず入れます。ポスターの場合はBとCのみにしぼってもよいでしょう。

A そのテーマについて知りたいこと、テーマを選んだ理由やきっかけ
B 調べた結果（統計《とうけい》・データ）
C 統計やデータからわかったこと
D 感想・反省

また、AとBのあいだに、テーマについての最初の予想や調べ方を入れると、内容《ないよう》がより充実《じゅうじつ》します。

構成例《こうせいれい》（ノートやレポート用紙の場合）

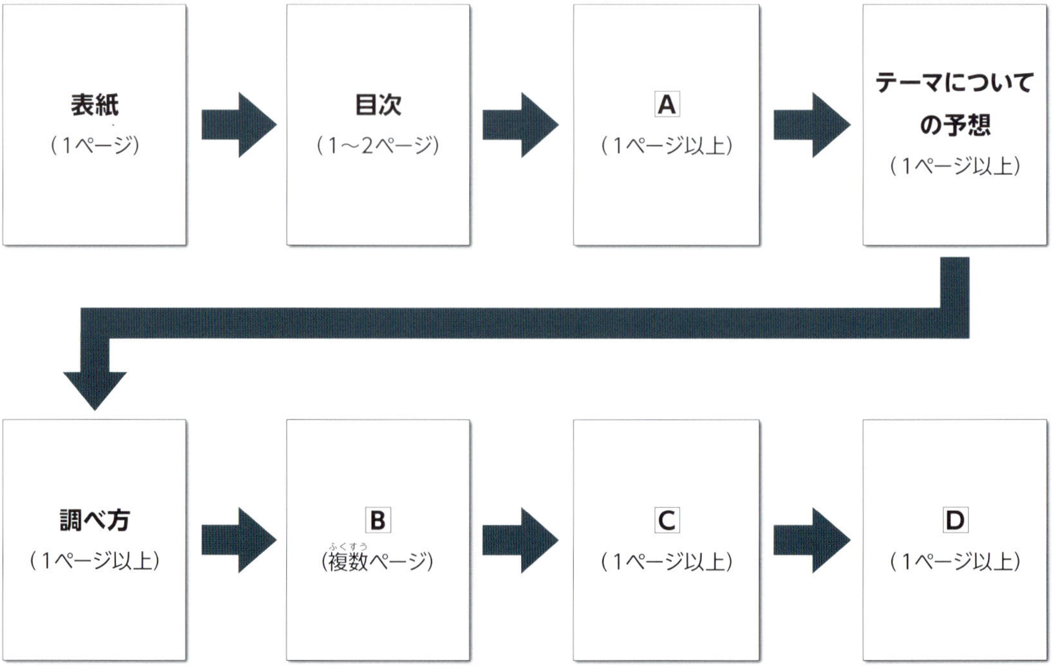

下がきする

決めた構成《こうせい》にしたがって、それぞれの部分でどんなことをかくのか、メモ帳などに大まかに下がきしておきます。模造紙《もぞうし》やレポートにまとめる場合は、メモ帳で下がきしたあと、少し大きめの紙に、何をどこにかくのかレイアウトを考えてみましょう。

調べた統計《とうけい》やデータを下がきするときは、下に示《しめ》したレイアウトのポイントに注意します。

また、下がきをほかの人に見せて意見を聞くことは、自分とちがった視点《してん》から見ることにもなり、よりよい作品づくりにつながります。

レイアウトのポイント

①強調したいところを目立たせる

とくに見てもらいたいところ、うったえたいこと、中心となるグラフや文字は、大きくしたり色を変えたりして目立つようにする。

②見る人の視線《しせん》を導《みちび》く

横がきのものは左から、たてがきのものは右からかくという決まりがある。また、横がきのものを見るときの人の視線《しせん》の流れは、一般的《いっぱんてき》に下の図のとおりにうつる。とくに見せたい順序《じゅんじょ》があれば、番号をつけたり、矢印で誘導《ゆうどう》するとよい。

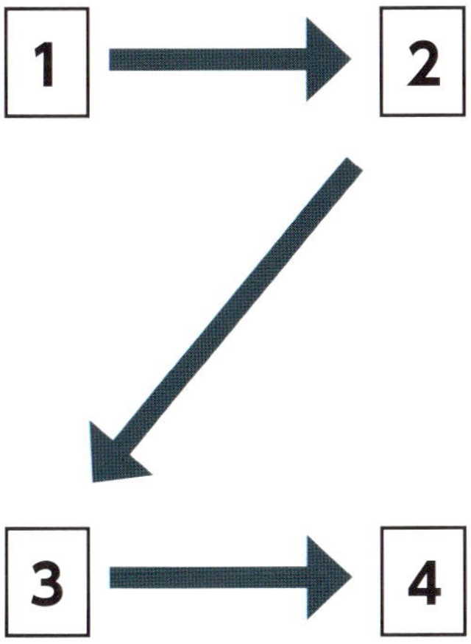

③適度《てきど》な間をとる

グラフどうしや文字とのあいだがくっつきすぎないように、少し間をあける。くっつきすぎていると見づらく、空白が多すぎると全体がさびしいものになる。

④ならべて比較《ひかく》する

男子と女子など、相対するものを比較《ひかく》する場合、用紙の上下、左右にならべてみる。

⑤イラストや写真を入れる

イラストや写真を入れることで、イメージしやすくなったり親しみを感じたりする。ただし、コンクールに応募する場合、イラストを入れるときは必ず自分で考えたオリジナルのものをつかう。アニメやまんがなどのキャラクターはつかわない。

⑥資料《しりょう》の出典をはっきりかく

本やインターネットからの資料《しりょう》を用いるときは、本や資料のタイトルを必ずかく。

出典：○○○○

■調べたことについて考える

自由研究や調べ学習で最も大切なのは、調べたことをまとめながら、そこからどんなことがわかるか、それはなぜなのかを考えることです。最初に立てた予想が正しいことを示《しめ》すデータはあるか、または予想とは反対のことを示すデータがそろっているのか、よく確認《かくにん》しましょう。

集めた資料《しりょう》やデータから知りたいことがわからないときや、いくつかのデータで正反対のことが示されているときは、どんな資料やデータが必要かを考え、調べなおすことになります。

■研究タイトルを見直す

研究タイトルは、作品のなかで一番最初に見る部分、目立つ部分です。テーマと関係のあるものをつけますが、テーマを決めると同時に決定してしまう必要はありません。調査《ちょうさ》でわかったことをふりかえり、下がきの段階《だんかい》で研究タイトルを見直してみましょう。長くなりすぎないように注意しながら、何について研究したのか一目でわかるようなタイトルを考えます。見る人が「おもしろそう」「役に立ちそう」「結果はどうなるんだろう」と、興味《きょうみ》をもつようなタイトルを目指しましょう。広告、ポスターのキャッチコピーや新聞記事のタイトルなども参考になります。

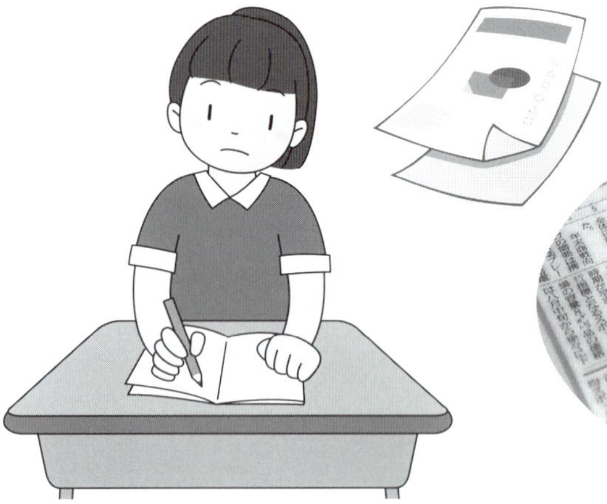

タイトルを考える際《さい》のポイント

①適当《てきとう》な字数で	リズミカルな表現《ひょうげん》（「見たい知りたい」など）
	五七調（俳句《はいく》や短歌のように５文字・７文字を組みあわせる）
	主題と副題（長くなりそうな場合や効果的《こうかてき》にうったえたい場合は、タイトルを２つに分ける）
②言葉の技法《ぎほう》	よびかけ（「～しよう」「～したい」など）
	疑問形《ぎもんけい》（「～する？」「～でしょうか？」など）
	倒置法《とうちほう》（文章中の言葉をふつうの語順と逆《ぎゃく》にすること。「どうなる？　日本の人口」など）
③文字	大きさ（全体のバランスを考え、大きすぎたり小さすぎたりしないようにする。強調したい文字を大きくする方法もある）
	色（テーマの内容《ないよう》によって、明るい色と暗い色をつかいわける。用紙の色やまわりの色とちがいがあるほど読みやすくなる）
	書体（ゴシック体、明朝体《みんちょうたい》など）

⑥きれいにまとめよう

下がきを見ながら、全体を清書します。

レポート用紙や原稿《げんこう》用紙にまとめるときは、画用紙などの厚手《あつで》の紙で表紙をつけるとよいでしょう。

ページ数が多いときは、１まいずつページ番号をふり、表紙のつぎに目次のページをつくると、全体の構成《こうせい》をわかりやすく見せることができます。研究のねらいとわかったことのポイントを箇条《かじょう》がきにして１ページにまとめた「要約（サマリー）」をつくって表紙と目次のあいだに入れると、より本格的《ほんかくてき》な仕上がりになります。

できあがりの見ばえをよくするために、文字の大きさや色のつかいわけも工夫《くふう》しましょう。

⑦作品を提出《ていしゅつ》・発表しよう

■学校へ

しめきり日を守って学校の先生に提出《ていしゅつ》します。クラスなどで発表する機会があるときは、大きな声でハキハキと、自信をもって発表しましょう。

■さらに多くの人へ

都道府県や関係団体《だんたい》が毎年おこなっている統計《とうけい》グラフコンクール（➡P89）に応募《おうぼ》してみるのもよいでしょう。都道府県の統計関係のホームページにある応募要項《ようこう》を読み、しめきりを確認《かくにん》してから送付先に作品を送ってみましょう。

文字や色の注意点

- 各項目《かくこうもく》の見出し（タイトル）は、本文（説明の文）よりも少し大きめの文字にするか太い文字にする（本文とちがう色をつかってもよい）。本文は全体を通じて同じ色・大きさにそろえる。

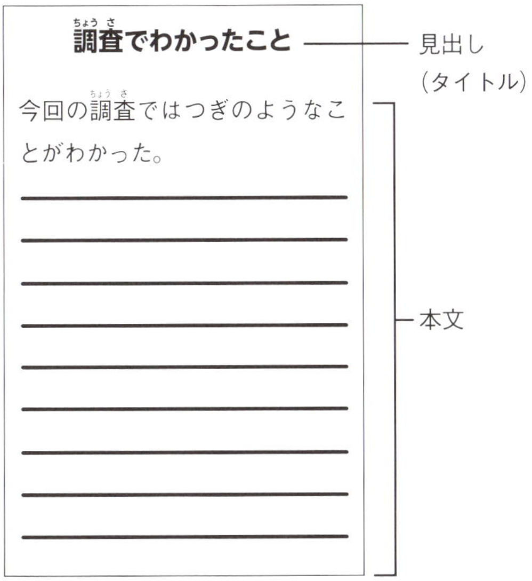

- 図、表、グラフ、写真はタイトルや解説をつける。
- ノートやレポート用紙にまとめる場合は、文字の部分にあまりたくさんの色をつかわない。一番重要な部分は赤、二番目に重要な部分は青、それ以外の部分は黒というように、自分のルールを決めておく。
- 色をうまくつかい、目立たせたい部分を強調する。とくに模造紙《もぞうし》やポスターの場合は、色による見え方、印象のちがいにも注意する。一般的《いっぱんてき》に、青系《けい》統《とう》の色は「すずしい・冷たい」印象を、赤系統の色は「あたたかい・熱い」印象をあたえる。白い紙に黄色をつかっても、遠くから見ると目立たない。ポスターの場合、色のついた画用紙をつかうことも考えてみる。

コラム

著作権《ちょさくけん》に気をつけよう

調べ学習や自由研究で、本や新聞、インターネットなどを利用して資料《しりょう》やデータを集めるときは、「著作権《ちょさくけん》」に注意する必要があります。

著作権《ちょさくけん》とは

本や統計《とうけい》データ、地図、絵、写真など、だれかによってつくられたものを「著作《ちょさく》物《ぶつ》」といいます。著作物をつくった人（著作者）は、著作物が勝手につかわれたりコピーされたりするのをふせぐ権利《けんり》をもっています。この権利を「著作権」といいます。すべての著作物は著作権法という法律《ほうりつ》で守られており、著作者の許可《きょか》なく使用することはできません。

引用

引用とは、作者がかいた本や記事などの文章を、自分の作品のなかにそのままの形でとりいれることです。ほかの人や機関がつくったグラフや表、統計《とうけい》データを使用するのも引用です。著作権法《ちょさっけんほう》では、公表された著作物は、いろいろな条件《じょうけん》を守ったうえで引用して利用できると定めています。引用の際《さい》には、自分自身で考えてかいた部分と区別して、他者がかいたものを資料《しりょう》としてつかっている部分（引用部分）がわかるようにしなければなりません。また、作品全体のなかで引用の占《し》める分量が大きくなりすぎないように、注意が必要です。

参考文献《ぶんけん》

自分の考えをまとめるために調べたり参考にしたりした本や雑誌《ざっし》記事、新聞記事などを「参考文献《ぶんけん》」といいます。調べ学習や自由研究で資料《しりょう》としてつかった参考文献は、レポートの最後のページやポスターの下にわすれずにかきましょう。本以外のホームページや映像《えいぞう》作品の場合も同様です。

参考文献を示《しめ》す理由には、つぎのようなことがあげられます。

・先に研究した人に対して敬意《けいい》を表するため。
・作者の意見の根拠《こんきょ》として参考文献を示すことで、正しいことがかかれているかどうか読者が判断する目安となるため。
・同じテーマで研究したい人にとって、資料を探すための道しるべとなるため。

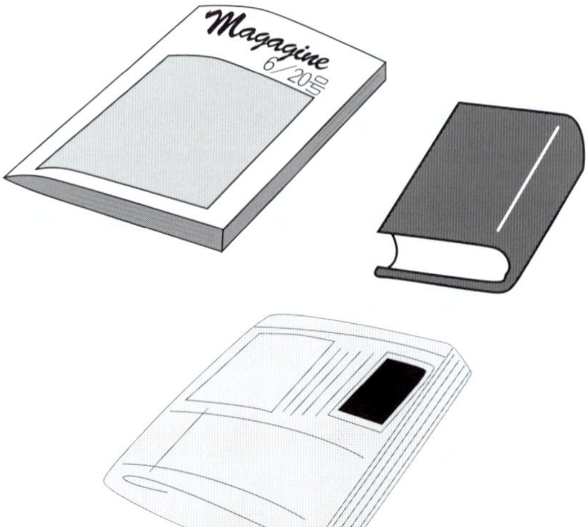

引用のかき方

①短めの文を引用する場合

自分の文章との区別がつくように引用部分を「　」や“　”などでくくり、その後ろに（　）をつけて著者名《ちょしゃめい》（編者名《へんしゃめい》）、資料《しりょう》の名前、発行所、発行年、引用ページなどをかく。

> 地域《ちいき》で生産されたものをその地域で消費することを地産地消といい、「いまのように交通機関が発達していなかった時代の人びとの生活は、それが基本《きほん》でした。」（こどもくらぶ編《へん》『生産と消費で見る日本　調べる！　47都道府県』同友館、2013年、13ページ）

②長めの文を引用する場合

引用部分の前後を1行あけ、行頭を2文字分下げてそろえる。後ろに引用部分と資料《しりょう》に関する情報《じょうほう》を（　）でくくってかく。

> 山形県の庄内《しょうない》平野では、自然条件《じょうけん》をいかした米づくりがおこなわれています。
>
> > 冬に水田に積もった雪は、温度を下げ、ばい菌《きん》を殺し、春にはとけて、水田にたまります。そして、夏に吹《ふ》く乾燥《かんそう》したあたたかな風が、病気にならない、じょうぶな稲《いね》を育てます。（こどもくらぶ編《へん》『生産と消費で見る日本　調べる！　47都道府県』同友館、2013年、22ページ）
>
> また、内陸部は盆地《ぼんち》になっており、……

上記は文章を引用する場合の例だが、統計《とうけい》データやグラフを引用するときも、もとの資料（出典）をかく。データをもとに自分でグラフを作成した場合も同様。くわしくは、この本にのっているさまざまなグラフを参照。

参考文献《ぶんけん》のかき方

①本の場合

著者名《ちょしゃめい》（編者名《へんしゃめい》）、『書名』、発行所、発行年をかく。書名は『　』でくくる。

例：宇根豊『農は過去と未来をつなぐ -- 田んぼから考えたこと』2010年、岩波書店

②新聞記事の場合

新聞名、発行年月日、記事名をかく。新聞名は『　』、記事名は「　」でくくる。

例：『○○新聞』2014年1月20日朝刊「社説」

③ホームページの場合

ホームページ名、ホームページのアドレス（URL《ユーアールエル》）、アクセスした日付をかく。ホームページ名は「　」でくくる。

例：農林水産省「身近な作物」
　http://www.maff.go.jp/j/kids/crops/
　（2014年1月15日アクセス）

※参考文献《ぶんけん》のかき方は言語や専門《せんもん》分野によって異《こと》なる。

1 一次元表

表やグラフは、統計《とうけい》データを整理し、
見やすくするための道具です。
まずは、最も単純《たんじゅん》な一次元表について見ていきましょう。

特徴《とくちょう》

表は、複雑《ふくざつ》なことがらを見やすいように分類・整理してかきあらわしたものです。

表のうち、ことがらを１つの観点だけでまとめたものを一次元表といいます。あつかわれていることが単一で、最も単純《たんじゅん》なしくみの表です。たとえば下の例では、「なりたい職業《しょくぎょう》」という観点で人数を整理し、表にしています。

5年1組男子の「なりたい職業《しょくぎょう》」アンケート結果

なりたい職業	人数（人）
サッカー選手	4
野球選手	3
学者	3
料理人	2
サラリーマン	2
警察官	2
医師	2
教員	1
エンジニア	1
合計	20

読み方

一次元表では、１つの項目に対してその数が示《しめ》されているので、読みとりが簡単《かんたん》です。一番数の多い項目《こうもく》や少ない項目が一目でわかります。たとえば、左の表からは、つぎのようなことがわかります。

- **一番人数が多いのはサッカー選手。**
- **一番人数が少ないのは教員、エンジニア。**
- **サッカー選手と野球選手が上位２位を占《し》めており、スポーツ選手の人気が高い。**

下に示す一次元表からは、どんなことが読みとれるでしょうか。

5年1組女子の「なりたい職業《しょくぎょう》」アンケート結果

なりたい職業	人数（人）
パティシエ	4
保育士	4
医師	3
教員	2
花屋	2
看護師	2
料理人	1
芸能人	1
薬剤師	1
合計	20

読みとれること

①一番人数が多いのはパティシエと保育士《ほいくし》。②一番人数が少ないのは料理人、芸能人《げいのうじん》、薬剤師《やくざいし》。③医《い》師《し》、看護師《かんごし》、薬剤師など、医療《いりょう》関係の職業《しょくぎょう》の人気が高い。

かき方

一次元表をかくときは、①～⑧のような手順で進めていきます。「5年1組の一番好きなスポーツ」というテーマを例に見ていきましょう。

①一番好きなスポーツを、1人1つずつかいてもらい、スポーツごとに数字をまとめる。「正」の字を用いるとまとめやすい。

②表題をかく。

③表であつかう観点をかく。この例では「好きなスポーツ」。

④観点にそった項目《こうもく》を入れる。この例ではそれぞれのスポーツの名前。数が大きいものから順にかく。

⑤数の単位を表の右上の欄外《らんがい》、または数の項目の欄内《らんない》にかく。人数の場合は（人）、個数《こすう》の場合は（個《こ》）、金額《きんがく》の場合は（円）など。

⑥項目ごとに数をかきいれる。

⑦合計の数をかきいれる。

⑧資《し》料《りょう》の出典をかく。自分で調《ちょう》査《さ》や実験をして資料を得た場合、調査・実験をした年月日、対象、方法などを必要に応《おう》じて記す。

一次元表に適《てき》したテーマ例

- 市区町村ごとの小学校の数
- 都道府県別の米の収穫量《しゅうかくりょう》
- 日本の品物別の輸《ゆ》入額《にゅうがく》
- 国別の人口

①

野球……………………正
サッカー………………正一
水泳……………………下
陸上競技………………下
なわとび………………T
バドミントン…………止
ドッジボール…………正
バスケットボール……止
テニス…………………T
バレーボール…………T
卓球……………………一
空手……………………下

②……………**5年1組の一番好きなスポーツ**

③…（観点）　…⑤（単位）　④（項目）　⑥（数）　⑦（合計）

好きなスポーツ	人数（人）
サッカー	6
野球	5
ドッジボール	5
バスケットボール	4
バドミントン	4
水泳	3
陸上競技	3
空手	3
なわとび	2
テニス	2
バレーボール	2
卓球	1
合計	40

調査年月日：○○○○年○月○日
調査対象：5年1組の児童40人
調査方法：アンケートで1人1つずつ回答
⑧

2 二次元表

二次元表は
2つの観点から数字をまとめる表です。
一次元表よりも、集団《しゅうだん》の傾向《けいこう》をくわしく知ることができます。

特徴《とくちょう》

表のたての項目《こうもく》と横の項目をつかって、2つの観点からことがらをまとめたものを二次元表といいます。

45ページの好きなスポーツの一次元表は、児童を男子と女子に分けることで、「好きなスポーツ」「性別《せいべつ》」という2つの観点で二次元表にまとめることができます（例1）。クラス全体のようすだけでなく、男子・女子それぞれの特徴《とくちょう》がわかります。

また、A、Bという2つの項目《こうもく》をもつ資《し》料《りょう》を、「性質《せいしつ》①がある」「性質②がある」という2つの観点で分類する表もあります（例2）。

●例1：5年1組の好きなスポーツ（男女別）

（人）

好きなスポーツ ＼ 性別	男子	女子	合計
サッカー	4	2	6
野球	4	1	5
ドッジボール	3	2	5
バスケットボール	2	2	4
バドミントン	0	4	4
水泳	1	2	3
陸上競技	1	2	3
空手	2	1	3
なわとび	1	1	2
テニス	0	2	2
バレーボール	1	1	2
卓球	1	0	1
合計	20	20	40

読み方

二次元表では、数の大小に注目したり2つの観点から数をくらべたりすることで、資料《しりょう》の特徴《とくちょう》を読みとることができます。

例1からはつぎのことなどがわかります。

- **好きな人数が一番多いのはサッカー。**
- **男子に最も人気なのはサッカーと野球。**
- **女子に最も人気なのはバドミントン。**

例2は、項目《こうもく》A（イヌ）、項目B（ネコ）それぞれについて、性質《せいしつ》①（好き）、性質②（きらい）という観点でまとめたものです。「イヌもネコも好きな人」「イヌだけ好きな人」「ネコだけ好きな人」「イヌもネコもきらいな人」が一目でわかります。

●例2：5年1組の動物の好ききらい

（人）

		イヌ		
		好き	きらい	合計
ネコ	好き	18	10	28
	きらい	7	5	12
	合計	25	15	40

かき方

ある記録について２つの観点からまとめた二次元表をかくときは、つぎのように進めていきます。「学年別けがの種類（５月）」というテーマで考えてみましょう。

①ある記録について、何と何の観点からまとめるかを決める。この例では「学年」と「けがの種類」という観点でまとめる。

②表題をかく。

③いっぽうの観点（けがの種類）をかく。

④もういっぽうの観点（学年）をかく。

⑤数の単位を表の右上の欄外《らんがい》にかく。

⑥それぞれの数を数えてかきいれる。

⑦合計の数をかきいれる。

⑧資《し》料《りょう》の出典をかく。自分で調《ちょう》査《さ》や実験をして資《し》料《りょう》を得た場合、調査・実験をした年月日、対象、方法などを必要に応《おう》じて記す。

二次元表に適《てき》したテーマ例

- 市区町村ごとの小学校と中学校の数
- 都道府県別の米の収穫量《しゅうかくりょう》と消費量
- 日本の品物別の輸《ゆ》入額《にゅうがく》と輸《ゆ》出額《しゅつがく》
- 国別の人口と人口密《みつ》度《ど》

けがの記録（5月）

学年	性別	けがの種類
1	男子	すりきず
3	男子	切りきず
2	女子	打ぼく
1	女子	すりきず
4	男子	ねんざ
5	女子	切りきず
3	女子	ねんざ
6	男子	すりきず
4	女子	打ぼく
2	男子	ねんざ
5	男子	打ぼく
6	女子	切りきず
4	男子	切りきず
3	女子	すりきず
2	女子	切りきず
5	男子	すりきず
1	女子	すりきず
6	女子	すりきず
5	女子	打ぼく
4	男子	すりきず
3	女子	ねんざ
2	男子	すりきず
1	女子	打ぼく
5	男子	すりきず
6	女子	ねんざ
4	男子	切りきず
3	男子	切りきず

…①

学年別けがの種類（5月）…②

（人）…⑤

けがの種類＼学年	1	2	3	4	5	6	合計
すりきず	3	1	1	1	2	2	10
切りきず	0	1	2	2	1	1	7
打ぼく	1	1	0	1	2	0	5
ねんざ	0	1	2	1	0	1	5
合計	4	4	5	5	5	4	27

③（けがの種類）　④（学年）　⑥（それぞれの数）　⑦（合計）

⑧ 調査期間：○○○○年５月
調査対象：○○小学校児童

3

数や量を表す 棒《ぼう》グラフ

**さまざまな種類があるグラフを、目的に合わせて
うまく利用することで、データをわかりやすく見せることができます。
棒《ぼう》グラフは、数や量を示《しめ》すのに最適《さいてき》です。**

特徴《とくちょう》

棒《ぼう》グラフは、棒の長さで数や量を示《しめ》すグラフです。棒の長さで大小がわかるので、数や量のちがいがわかりやすくなります。

海底の原油を採掘《さいくつ》する施設《しせつ》。

原油の埋蔵量《まいぞうりょう》上位 10 か国と日本

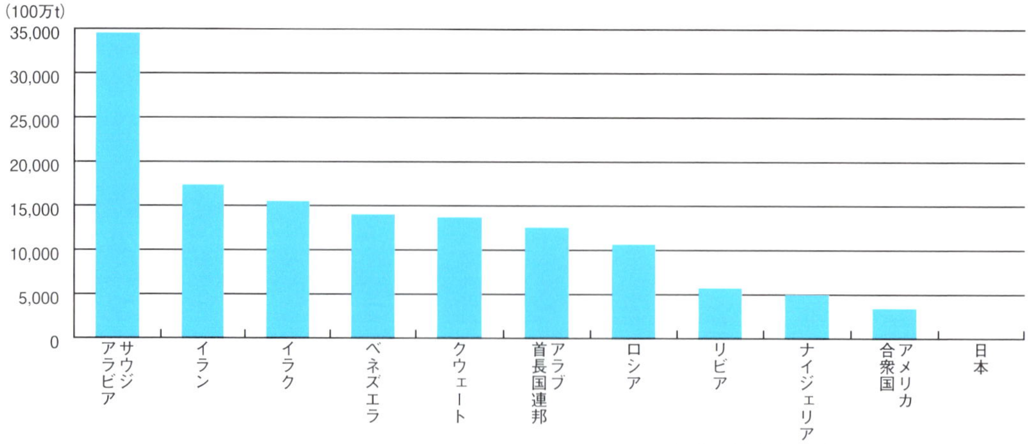

出典：総務省統計局「世界の統計 2013」

ワンポイント

表とグラフのつかいわけ

表とグラフには、それぞれつぎに示《しめ》すような特徴《とくちょう》があります。これらをふまえてつかいわけたり、組みあわせてつかったりすることが大切です。また、グラフをかくときは、まずは数字をまとめた表が必要です。

表：数字を細かく表すことができる。データがたくさん入れられる。全体のようすを把握《はあく》するのはむずかしく、読みとりに時間がかかる。

グラフ：全体のようすが一目でわかり、興《きょう》味《み》深く集中して見ることができる。ただし、正確《せいかく》な数字ではなくおよその数しか表せず、とくに人口や農作物の収穫量《しゅうかくりょう》など、数字が大きい場合にその傾向《けいこう》が強い。

読み方

棒《ぼう》グラフでは、まず、一番長い棒に注目します。また、棒の長さを比較《ひかく》すると、さまざまなことを読みとったり推測《すいそく》できたりします。左ページの例の場合、つぎのようなことが読みとれます。

・原油埋蔵量《まいぞうりょう》上位国のサウジアラビア、イラン、イラク、クウェート、アラブ首長国連邦《れんぽう》は、いずれも中東の国ぐにである。

・日本は原油埋蔵量がほとんどないため、海外からの輸入《ゆにゅう》にたよっていると考えられる。

では、下の例からはどんなことが読みとれるでしょうか。

都道府県別ごみ総排出量《そうはいしゅつりょう》（2011年）

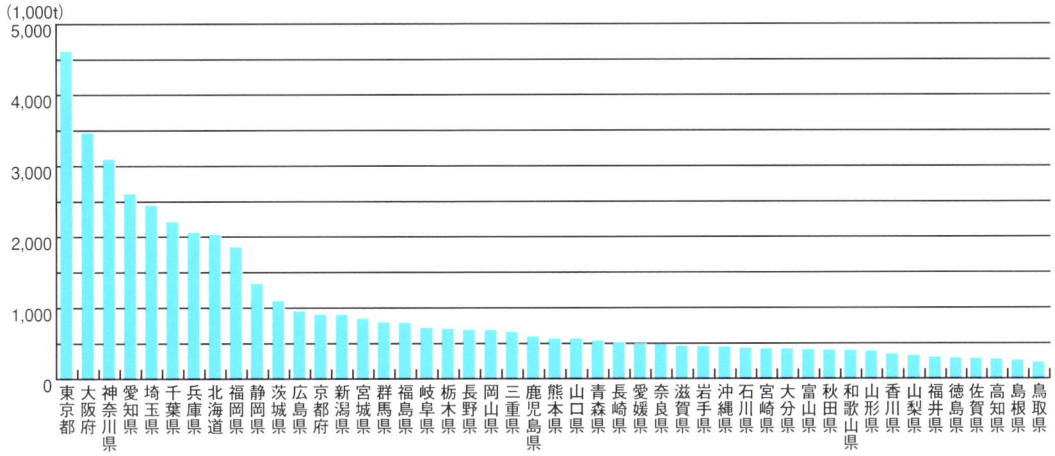

出典：環境省「一般廃棄物処理実態調査結果」平成23年度

可燃《かねん》ごみの焼却処理《しょうきゃくしょり》などをおこなう清掃《せいそう》工場。

読みとれること

①ごみ総排出量《そうはいしゅつりょう》が最も多いのは、東京都。 ②東京都、大阪府《おおさかふ》、神奈川県《かながわけん》などが多いいっぽうで、鳥取県、島根県、高知県などは少ない。おおむね、都道府県の人口の多さと対応《たいおう》していると考えられる。

かき方

棒《ぼう》グラフをかくときは、①〜⑥のような手順で進めていきます。「好きな授業《じゅぎょう》（5年１組・２組)」というテーマを例に見ていきましょう。

①表題をかく。

②横軸《よこじく》にくらべたいことがらをかく。この例の場合、「好きな授業」の名前。

③たて軸の１めもりの数字をかく。数字は必ず０からはじめ、一番大きい数字がかけるようにする。めもりの幅《はば》は等しくする。また、数字の間隔《かんかく》も等しくする。この例の場合、「３人」ずつで間隔をとっている。

④めもりが表す単位をかく。

⑤数に合わせて棒をかく。棒の幅はすべて同じ太さにし、棒と棒のあいだは等しくする。

⑥資料《しりょう》の出典をかく。自分で調査《ちょうさ》や実験をして資料を得た場合、調査・実験をした年月日、対象、方法などを必要に応《おう》じて記す。

〔表〕好きな授業《じゅぎょう》（5年１組・２組）

好きな授業	人数（人）
音楽	13
体育	12
算数	10
図画工作	9
家庭	9
国語	8

好きな授業	人数（人）
理科	7
社会	5
外国語活動	4
総合的な学習の時間	2
道徳	1
合計	80

好きな授業《じゅぎょう》（5年１組・２組）……①

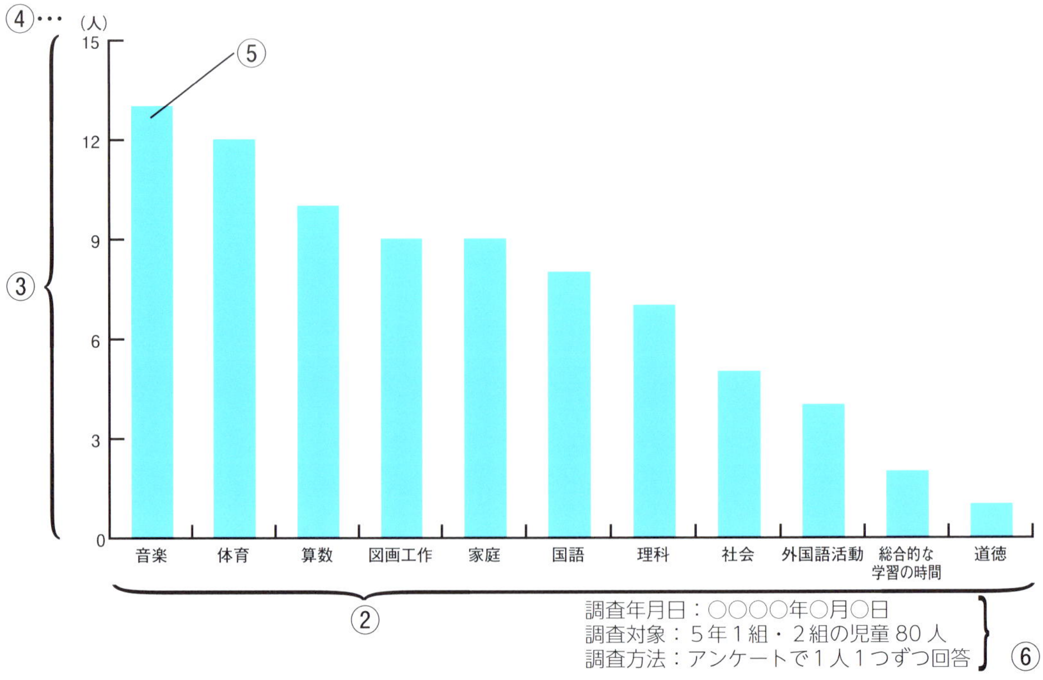

■注意点

棒《ぼう》グラフで横軸《よこじく》にデータの順番をならべるときは、データの種類によってならべ方を変えます。つぎのようにならべると、見やすいグラフになります。

・データの大きい順、または小さい順にならべる。
・都道府県データの場合、北から順にならべる場合もある。
・五十音順にならべる。
・横軸が、月や年など時間を表す場合、時間の順にならべる。
・質問《しつもん》に対する回答をならべる場合、質問票の順と同じ順にならべる。

■棒《ぼう》グラフに適《てき》したテーマ例

・ある地域《ちいき》の月別降水量《こうすいりょう》
・都道府県別の野菜の収穫量《しゅうかくりょう》／消費量
・国別の石油の輸《ゆ》出量《しゅつりょう》／輸《ゆ》入量《にゅうりょう》
・国別の人口

●データの大きい順にならべた場合

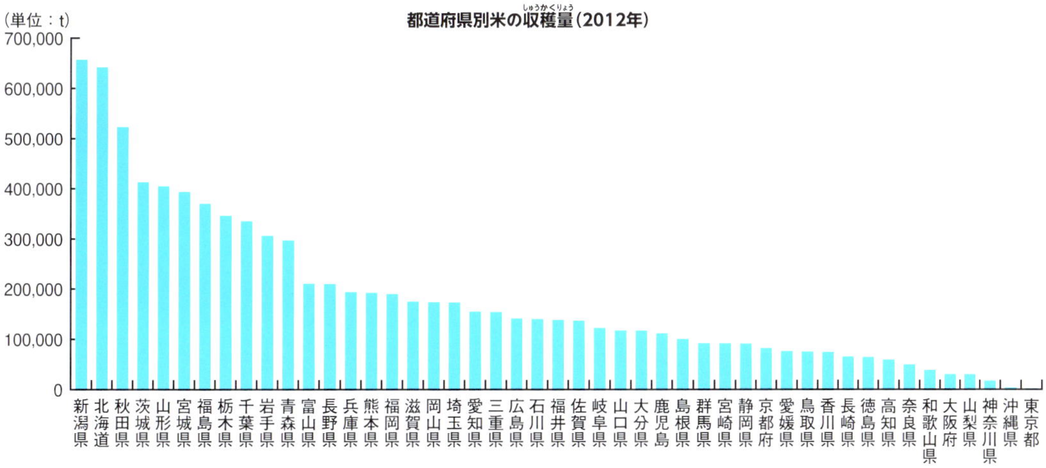

●都道府県を北から順にならべた場合

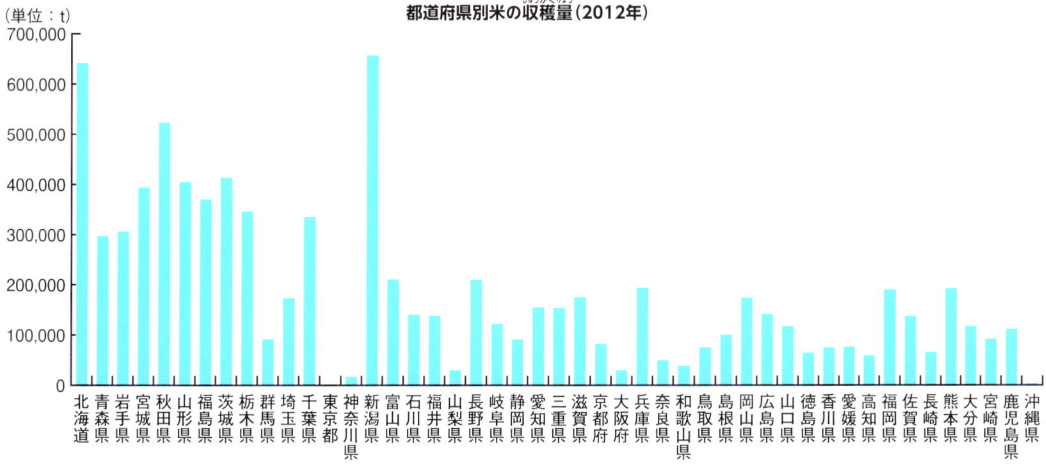

両グラフの出典：農林水産省「作物統計」

4 数や量を表す 積み上げ棒《ぼう》グラフ

積み上げ棒《ぼう》グラフは、
48〜51ページで紹介《しょうかい》した棒グラフよりもすこし複雑《ふくざつ》なグラフです。

特徴《とくちょう》

積み上げ棒《ぼう》グラフは、１本の棒に、複数《ふくすう》の要素《ようそ》を積み上げて表示《ひょうじ》したグラフです。棒のなかのそれぞれの要素は、異《こと》なる色やもようで表現《ひょうげん》されます。下の例は２つの要素を積み上げたグラフですが、14 ページの一次エネルギー生産量のグラフのように、２つより多くの要素を積み上げて示《しめ》すこともできます。

読み方

それぞれの棒《ぼう》が示《しめ》す項目《こうもく》の全体数量と、項目内の各要素《かくようそ》の数量を読みとることができます。下の「販売《はんばい》農家数*（専業《せんぎょう》・兼《けん》業《ぎょう》）の推移《すいい》」のグラフでは、全体の数量に注目すると、販売農家数全体が減少《げんしょう》していることがわかります。その他、専業農家と兼業農家という２つの要素を比較《ひかく》すると、どんなことが読みとれるでしょうか。

*「販売《はんばい》農家」とは、経営耕地《けいえいこうち》面積が 30a以上または年間農産物販売金額《さんがく》が 50万円以上の農家をいう。

販売《はんばい》農家数（専業《せんぎょう》・兼業《けんぎょう》）の推移《すいい》（1985 年〜 2010 年／ 5 年ごと）

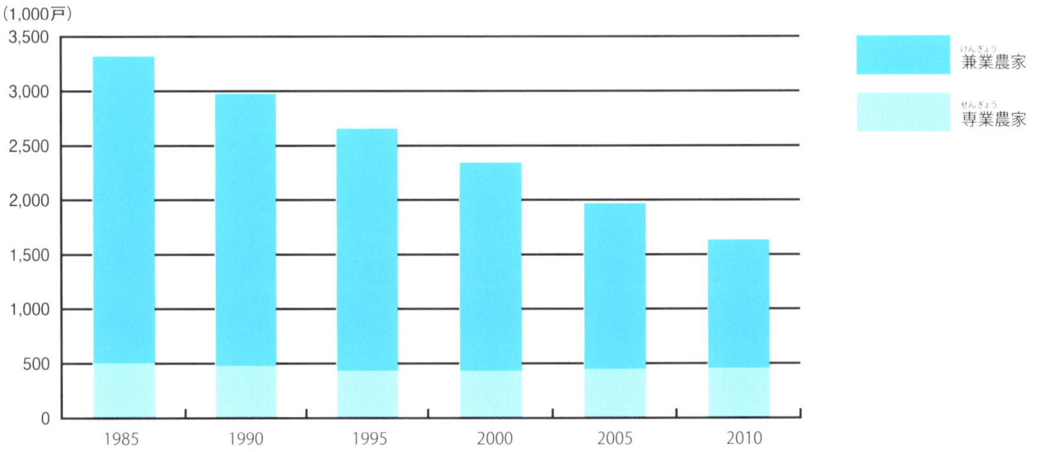

出典：総務省統計局「第 63 回 日本統計年鑑」

読みとれること

①専業《せんぎょう》農家より兼業《けんぎょう》農家のほうが多い。②専業農家よりも兼業農家が大幅《おおはば》に減少《げんしょう》している。

かき方

積み上げ棒《ぼう》グラフをかくときは、①〜⑧のような手順で進めていきます。「習いごとの数（5年生男子・女子別）」というテーマを例に見ていきましょう。

①表題をかく。
②横軸《よこじく》にくらべたいことがらやその単位をかく。この例の場合、「習いごとの数」。
③たて軸の1めもりの数をかく。数字は必ず0からはじめ、一番大きい数字がかけるようにする。めもりの幅《はば》は等しくする。また、数字の間隔《かんかく》も等しくする。この例の場合、「5人」ずつで間隔をとっている。
④めもりが表す単位をかく。
⑤合計の数値《すうち》に合わせて棒をかく。
⑥各要素《かくようそ》の数値にしたがって、それぞれの棒グラフを区切る。要素の色は、おのおの同じ色やもようにそろえる。
⑦どの色・もようが何を示《しめ》すかという「凡《はん》例《れい》」を記す。
⑧資料《しりょう》の出典をかく。自分で調査《ちょうさ》や実験をして資料を得た場合、調査・実験をした年月日、対象、方法などを必要に応《おう》じて記す。

習いごとの数（個）	男子（人）	女子（人）	合計
0	7	5	12
1	15	18	33
2	10	9	19
3	5	6	11
4以上	3	2	5
合計	40	40	80

習いごとの数（5年生男子・女子別） ……①

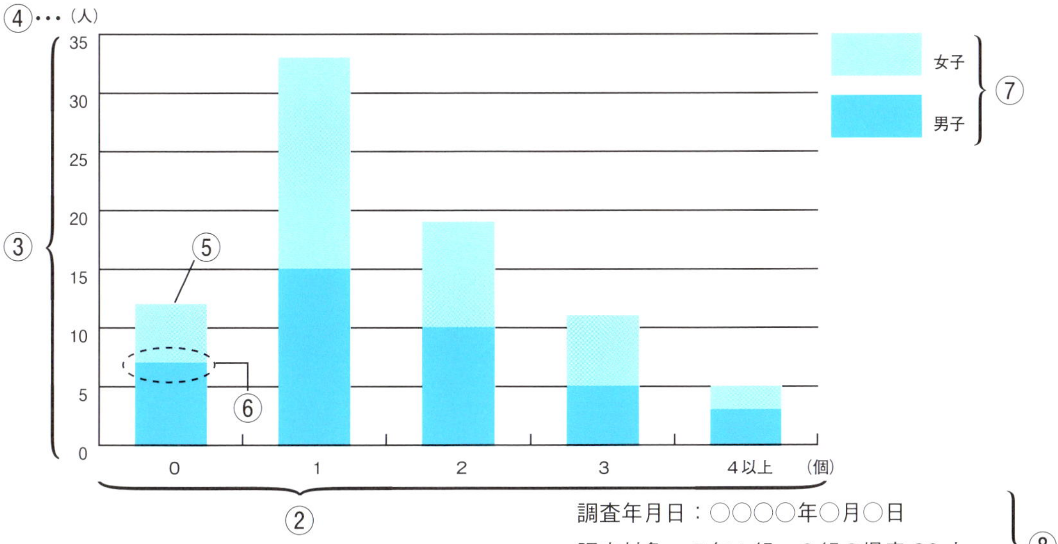

調査年月日：○○○○年○月○日
調査対象：5年1組・2組の児童80人
調査方法：アンケートで1人1つずつ回答
⑧

5

数や量を表す その他のグラフ

数や量の大小を示《しめ》すには、棒《ぼう》グラフ以外にもさまざまなグラフがあります。ここでは3種類のグラフを見てみましょう。

単位グラフ

円や正方形などの図形をならべて数や量を表すグラフを、単位グラフといいます。表現《ひょうげん》の簡単《かんたん》なグラフですが、くらべる数や量に大きな差がある場合は向いていません。単位グラフをかくときは、つぎのようなことに注意します。

・1つの図形が表す数字は、くらべる数や量の最大・最小を考えて、数えやすい適《てき》切《せつ》なものにする。

・図形の形と大きさをそろえる。

・図形の単位は1種類とし、2つ以上の単位をつくらないようにする（大きな図形と小さな図形を組みあわせてつかわない→悪い例）。

・1つの図形を1単位とした場合、その半分は、図形を半分にして表す。

・1つの図形の単位を示《しめ》す「凡例《はんれい》」を入れる（「●＝2人 ◖＝1人」など）。

・図形のはじまる位置をそろえ、同じ間隔《かんかく》でならべる。

・図形の最後に数値《すうち》を表示《ひょうじ》するとわかりやすくなる。

5年生の好きなおかし　　●＝2人　◖＝1人

ケーキ	●●●●●●●◖ 15人
チョコレート	●●●●●●◖ 13人
アイスクリーム	●●●●●● 12人
あめ	●●●●● 10人
クッキー	●●●●◖ 9人
ゼリー	●●●● 8人
だんご	●●●◖ 7人
せんべい	●●●6人

悪い例

⬤＝10人 ●＝2人 ◖＝1人

ケーキ	⬤●●◖ 15人
クッキー	●●●●◖ 9人

図形の単位を2種類以上つくると、非常《ひじょう》にくらべにくくなる。

絵グラフ

単位グラフの円や正方形などの図形のかわりに絵を用いたのが、絵グラフです。親しみやすい絵で表現《ひょうげん》することで、グラフを見る人に興味《きょうみ》をもたせ、印象に残りやすくさせます。

●1つの種類の数や量を表す場合

だいこんの都道府県別収穫量《しゅうかくりょう》上位5県(2012年)

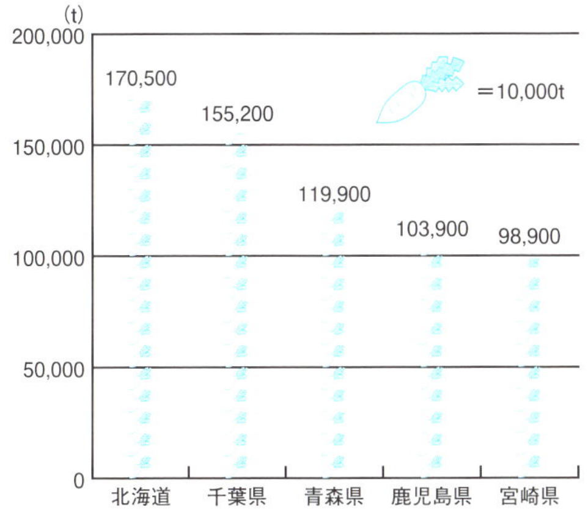

出典：農林水産省「作物統計」

1つの絵がどんな単位を表すのかを示《しめ》しておく。形や大きさをそろえてかく。

●複数《ふくすう》の種類の数や量を表す場合

日本のおもな野菜の収穫量《しゅうかくりょう》（2012年）

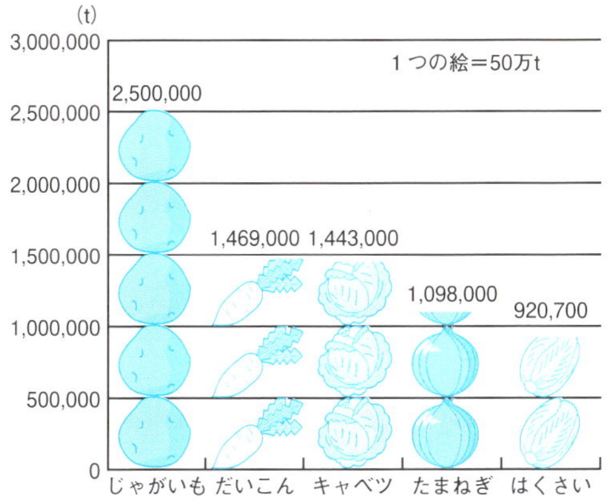

出典：農林水産省「作物統計」

種類によって表す数がばらばらにならないように、1つの絵が表す単位をそろえる。

面積グラフ

面積グラフは、数や量を円や正方形などで表すグラフです。単位グラフとは異《こと》なり、数や量の大きさを図形の面積で表すのが特《とく》徴《ちょう》です。面積グラフをかくときは、つぎのようなことに注意します。

・形からは数値《すうち》が読みとりにくいので、実《じっ》際《さい》の数値を書きこんでおく。

・面積の求め方に注意して、図形をかく。

【正方形の面積＝1辺×1辺】

1辺を2倍にすると、2倍の1辺×2倍の1辺なので、面積は4倍となる。

1辺を3倍にすると、3倍の1辺×3倍の1辺なので、面積は9倍となる。

【円の面積＝半径×半径×円周率《えんしゅうりつ》】

半径を2倍にすると、2倍の半径×2倍の半径×円周率なので、面積は4倍となる。

半径を3倍にすると、3倍の半径×3倍の半径×円周率なので、面積は9倍となる。

都道府県別山地面積上位5県

出典：総務省統計局「第63回 日本統計年鑑」

6 変化を表す 折れ線グラフ

折れ線グラフは、時間の経《けい》過《か》とともに、数や量がどのように変化するかを表すグラフです。

特徴《とくちょう》

折れ線グラフは、横軸《よこじく》に年や月といった時間を、たて軸に数量をとり、それぞれの数量を線で結んだグラフです。一定の期間内に、数量がどのように変化したかを表します。

変化を表す場合、棒《ぼう》グラフをつかうこともありますが、未来にデータが続く場合や未来を予測する場合には、折れ線グラフが適《てき》しています。

世界の人口の推《すい》移《い》（1950 年～ 2010 年／5年ごと）

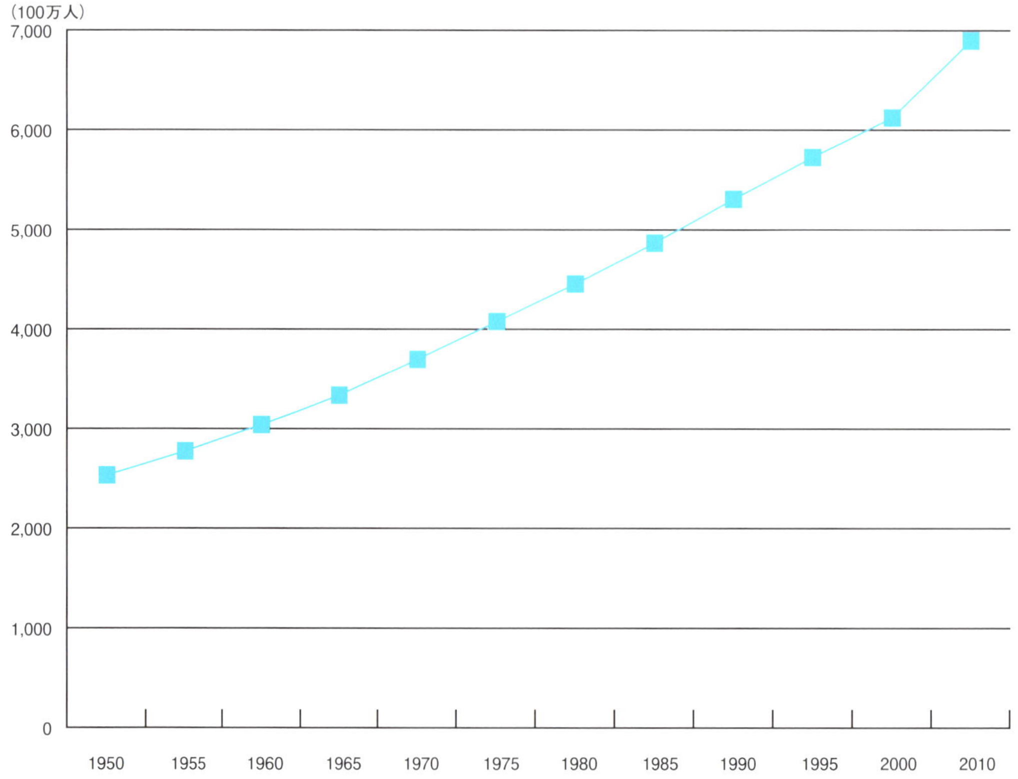

出典：総務省統計局「世界の統計 2013」

読み方

まずは、時間の経過《けいか》とともに数量がどのように変化しているか、全体のおおまかな傾向《けいこう》を見ることができます。線が右上がりなら数量が増加《ぞうか》、右下がりなら数量が減少《げんしょう》していることになります。また、グラフのかたむきから、急な変化か、ゆるやかな変化かなどがわかります。

左ページの例ではつぎのようなことがわかります。

- 世界の人口は増加を続けている。
- 1950 年から 2010 年までで、3倍近く増加している。
- 人口は今後も増加していくと考えられる。

また、全体的に上昇《じょうしょう》しながらも一部だけ低下している部分があるなど、全体の傾向《けいこう》と異《こと》なる動きをしている箇所《かしょ》がある場合はとくに注目が必要です。なぜその部分がちがうのか、理由を調べてみましょう。

下の例からは、どんなことが読みとれるでしょうか。

日本の米の収穫量推移《しゅうかくりょうすいい》（1985 年～2013 年）

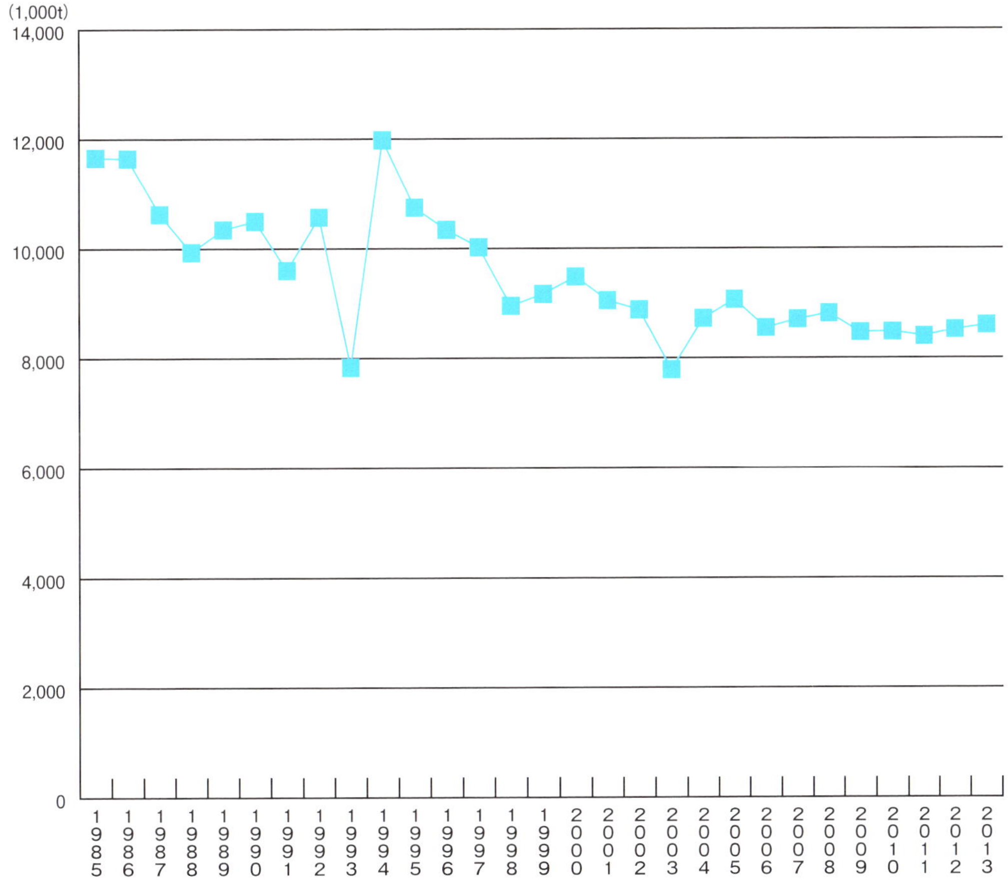

出典：農林水産省「作物統計」

読みとれること

①米の収穫量《しゅうかくりょう》は全体的に低下の傾向《けいこう》にある。② 1992 年から 1993 年にかけて大きく低下している。（この背景《はいけい》には、1993 年の記録的な冷夏による米の不作がある。）③ 1994 年には収穫量が回復《かいふく》している。

かき方

折れ線グラフをかくには、①〜⑥のような手順で進めていきます。「5年1組の社会科テスト平均点《へいきんてん》の推移《すいい》」というテーマを例に見ていきましょう。

①表題をかく。

②横軸《よこじく》にくらべたいことがらをかく。折れ線グラフの場合は、月や年などの時間。この例の場合、テストの各回。めもりの幅《はば》は等しくする。また、数字の間隔《かんかく》も等しくする。

③たて軸のめもりの数をかく。数字は必ず0からはじめ、一番大きい数字がかけるようにする。めもりの幅は等しくする。また、数字の間隔も等しくする。

④めもりが表す単位をかく。

⑤それぞれの数や量を表すところに点を打ち、点を直線でつなぐ。

⑥資料《しりょう》の出典をかく。自分で調査《ちょうさ》や実験をして資料を得た場合、調査・実験をした年月日、対象、方法などを必要に応《おう》じて記す。

〔表〕 5年1組の社会科テスト平均点《へいきんてん》の推移《すいい》

回	第1回	第2回	第3回	第4回	第5回	第6回	第7回	第8回	第9回	第10回
平均点	87.9	85.5	83.8	89.2	74.4	82.1	86.3	87.6	77.3	85.8

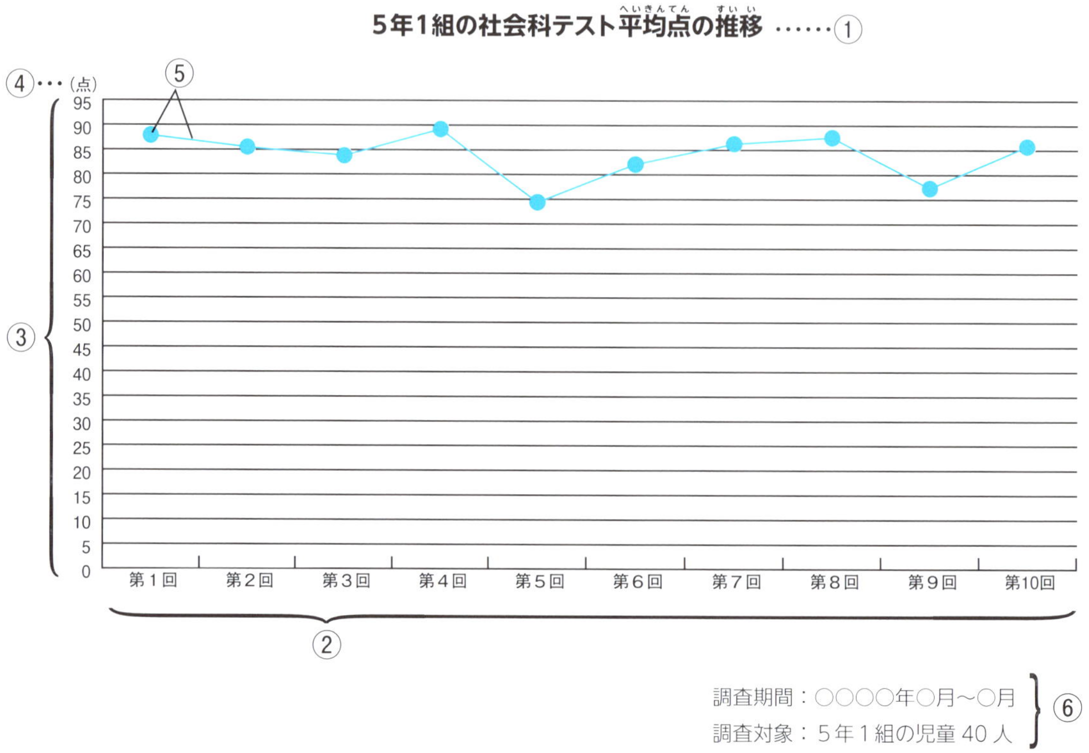

注意点

・同じ資料《しりょう》からつくった折れ線グラフでも、たて軸《じく》と横軸の１めもりの大きさのとり方によって、まったく印象のちがうものになる（例１）。めもりのとり方については決まった規則《きそく》があるわけではないが、紙面の大きさや形も考えて、極端《きょくたん》に異《こと》なった印象をあたえないように工夫《くふう》する。

・たて軸のめもりは０からはじめるのがふつうだが、数字にあまり変化がなくて見づらいときは、たて軸に波線を入れて途《と》中《ちゅう》を省略《しょうりゃく》し、たて軸のめもり幅《はば》を変えて変化をはっきりと見せることもできる（例２）。ただし、本来の数字の変化にくらべて大げさに変化しているように見せないよう、注意が必要。

折れ線グラフに適《てき》したテーマ例

・ある地域《ちいき》の月別平均《へいきん》気温の変化

・野菜の月別の値段《ねだん》変化

・日本の作物の年間収穫量《しゅうかくりょう》／消費量の変化

・１世帯あたりの年間電力消費量の変化

●例1：横軸《よこじく》のめもり幅《はば》をちぢめた場合

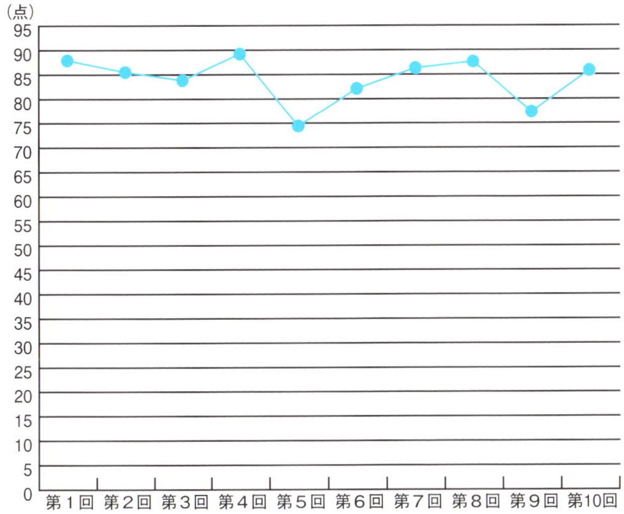

例１、２とも、左ページのグラフとくらべて折れ線のかたむきが急に見える。

●例2：波線を入れて途中《とちゅう》を省略《しょうりゃく》した場合

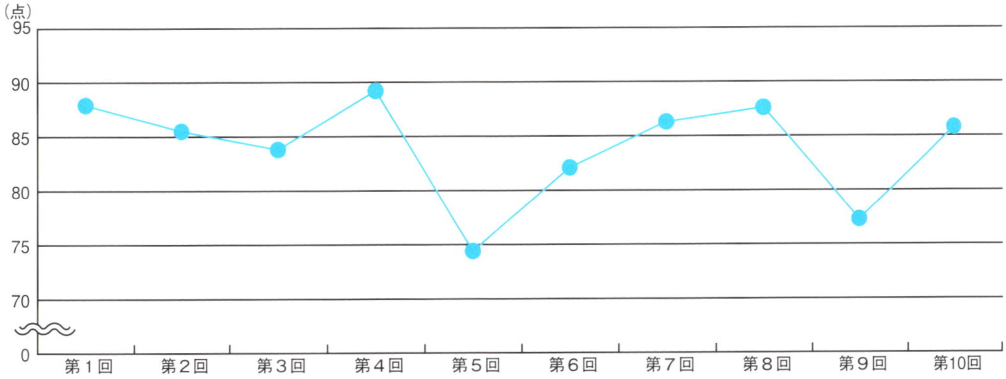

複数《ふくすう》の折れ線グラフ

折れ線グラフでは、複数《ふくすう》のデータを1つのグラフに重ねてかき、似ている点や異《こと》なる点を比較《ひかく》することもあります。その場合、それぞれの折れ線を区別できるように、線の色や種類を変え、どの折れ線が何を表しているのか（凡例《はんれい》）をグラフのそばにかきます。

衆議院総選挙《しゅうぎいんそうせんきょ》の男女別投票率《とうひょうりつ》の推移《すいい》（第40回〜第46回）

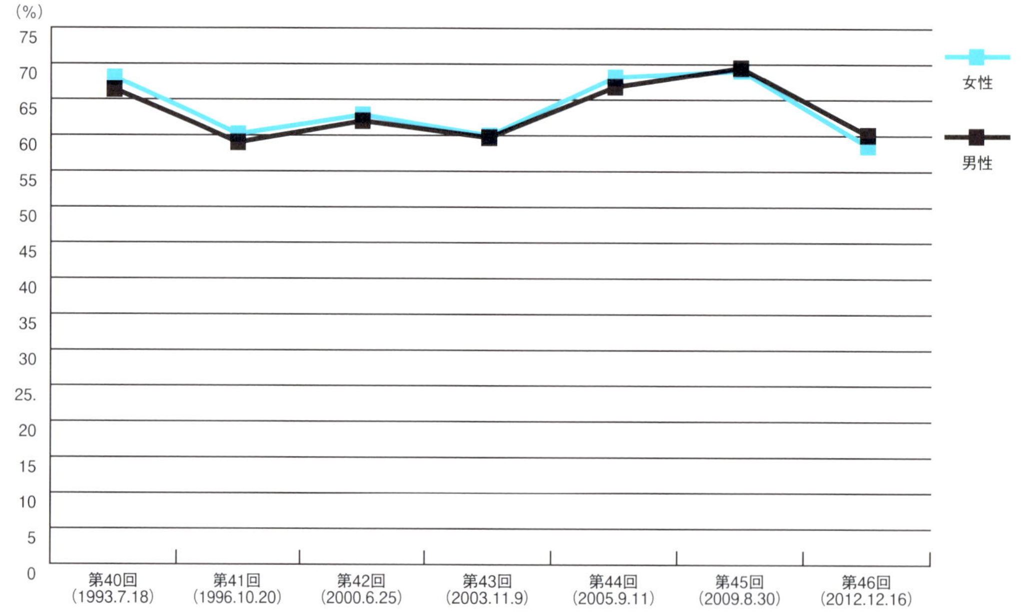

出典：総務省統計局「第63回 日本統計年鑑」

衆議院総選挙《しゅうぎいんそうせんきょ》の年代別投票率《とうひょうりつ》の推移《すいい》（第40回〜第46回）

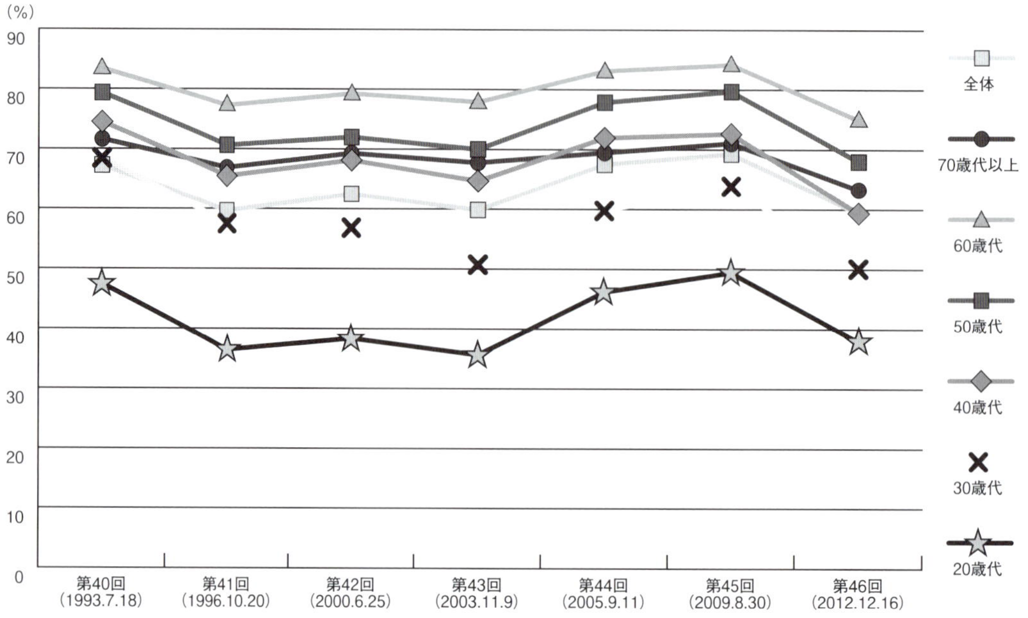

出典：総務省「衆議院議員総選挙における年代別投票率（抽出）の推移」

複合《ふくごう》グラフ

単位や種類がちがうものの数量を１つのグラフに表したものを、複合《ふくごう》グラフといいます。複合グラフでは、２つの数字の関連を見ることができます。下で示《しめ》した例は、棒《ぼう》グラフと折れ線グラフを合わせた複合グラフで、「雨温図《うおんず》」といいます。月別の降《こう》水量《すいりょう》を棒グラフ、月別の平均《へいきん》気温を折れ線グラフで表しています。

平均気温のめもりを左のたて軸《じく》、降水量のめもりを右のたて軸にとっています。また、気温の場合は数字が０より下のマイナス（－）になることがあるため、たて軸のめもりをマイナスからはじめることが多くあります。

世界４都市の月別平均《へいきん》気温と降水量《こうすいりょう》

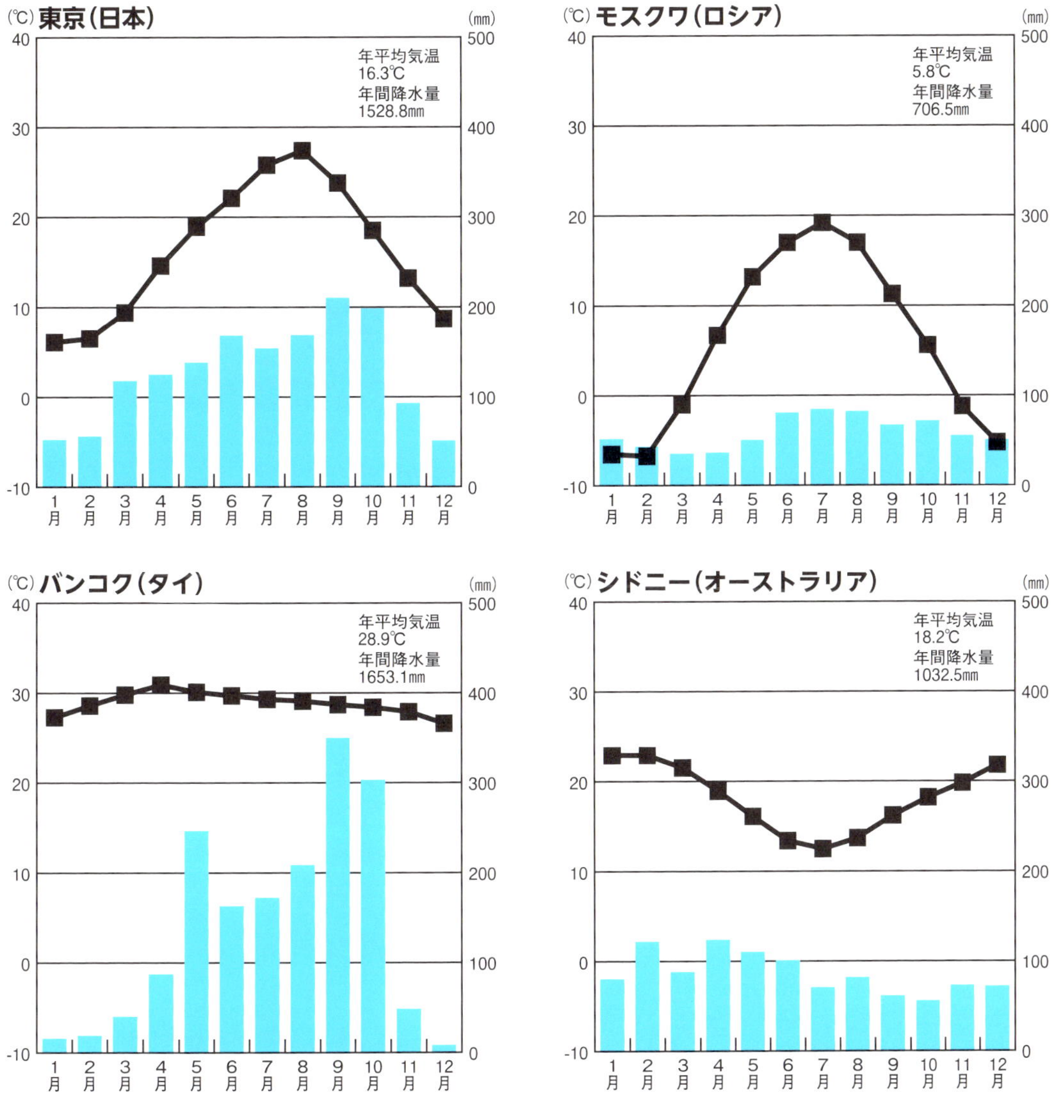

注：４都市の平均《へいきん》気温は 1981 年～ 2010 年の平均値《へいきんち》。東京の降水量《こうすいりょう》は 1981 年～ 2010 年、ほか３都市の降水量は 1982 年～ 2010 年の平均値。

出典：丸善出版『理科年表 平成 24 年』

7

割合《わりあい》を表す 円グラフ

円グラフは、割合《わりあい》を見たりくらべたりするときに便利なグラフです。

特徴《とくちょう》

円グラフは、円をあることがらやデータの全体として、そのなかの各項目《かくこうもく》の割合《わりあい》をおうぎ形で表したグラフです。割合とは、全体の数量に対して、ある数量がどれだけ占《し》めるかを表したものです（➡ワンポイント）。おかしのパイを切りわけるようすに似ていることから、「パイチャート*」ともよばれます。

*チャートとは、図、表、グラフなどのこと。

日本の原油輸入先割合《ゆにゅうさきわりあい》（2012 年度）

輸入量：211,026,315kL

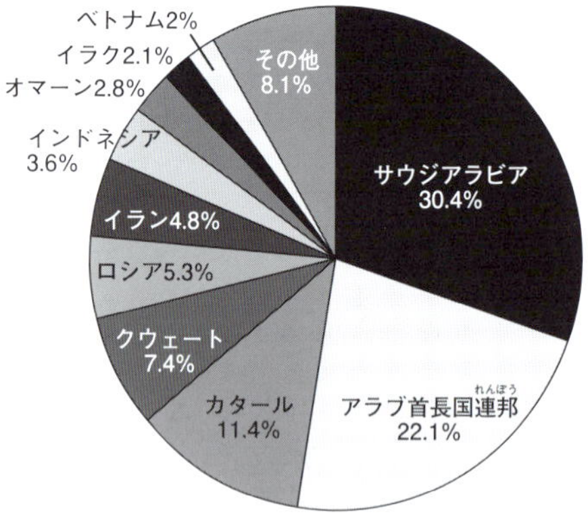

出典：経済産業省「石油統計」

ワンポイント

割合《わりあい》と百分率《ひゃくぶんりつ》

割合《わりあい》は、「くらべられる量÷もとにする量（全体）」で求められます。

たとえば全体が 200 で、くらべられる量が 50 の場合、**50 ÷ 200 = 0.25** が割合です。

割合を表す 1 つの方法として、「百分率《ひゃくぶんりつ》（%）」があります。百分率は、全体を 100%としたとき、そのうちいくらにあたるかという考え方です。全体の 100 分の 1 、つまり 0.01 を 1 %として割合を示します。百分率は「くらべられる量÷もとにする量（全体）× 100」で求められます。上の例の場合、0.25 に 100 をかけて 25%となります。

なお、割合を表す方法として、百分率のほかに「歩合《ぶあい》」というものもあります。全体の 10 分の 1 を 1 割、100 分の 1 を 1 分、1000 分の 1 を 1 厘《りん》と表します。

割合を表す小数、百分率、歩合の関係は以下の表のとおりです。

割合を表す小数	1	0.1	0.01	0.001
百分率	100%	10%	1%	0.1%
歩合	10 割	1 割	1 分	1 厘

読み方

円グラフを読むときは、割合《わりあい》の大きい順や、割合の大小に注目することがポイントとなります。また、なぜそのような割合になるのかといった理由を考えるのも大切なことです。たとえば、左ページのグラフからは以下のようなことが考えられます。

- **石油の輸入先《ゆにゅうさき》はサウジアラビア、アラブ首長国連邦《れんぽう》、カタール、クウェートなど、中東の国ぐにが大部分を占《し》めている。石油が豊富《ほうふ》に産出される中東諸国《しょこく》への依存《いそん》度《ど》が高いことがわかる。**
- **中東のほかにも、ロシアおよび、インドネシアやベトナムといった東南アジアの国から石油を輸入している。**

それでは、下のグラフからはどんなことが読みとれるでしょうか。

世界各国の二酸化炭素《にさんかたんそ》排出量《はいしゅつりょう》*割合《わりあい》（2010 年）

世界の二酸化炭素排出量：302 億 7,610 万 t

*燃料《ねんりょう》を燃焼《ねんしょう》して排出《はいしゅつ》した二酸化炭素《にさんかたんそ》の量。

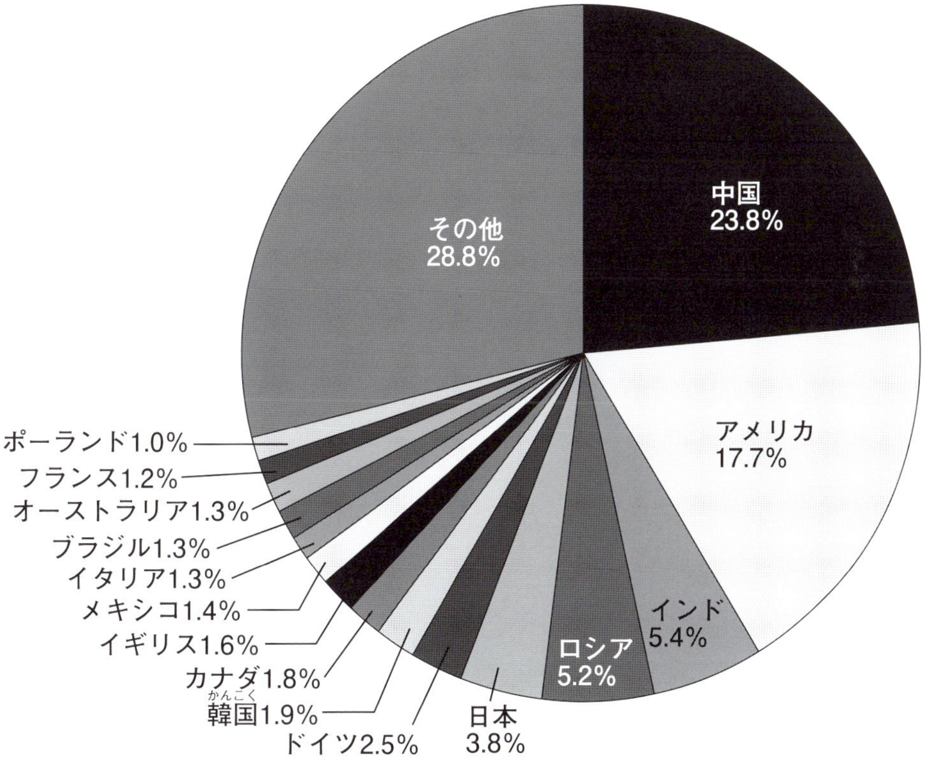

総務省統計局「世界の統計 2013」

読みとれること

①二酸化炭素排出量《にさんかたんそはいしゅつりょう》上位５か国（中国、アメリカ、インド、ロシア、日本）は、いずれも人口の多い国である。②排出量が最も多いのは中国。その背景《はいけい》には、人口の多さに加えて、石炭を燃焼《ねんしょう》させる火力発電を中心にエネルギーをつくっていることや、工業生産が盛《さか》んなことも考えられる。

かき方

円グラフをかくときは、①〜⑤のような手順で進めていきます。「好きな休日の過《す》ごし方（５年１組・２組）」というテーマを例に見ていきましょう。

①それぞれの部分が全体の何％になるかを求める。小数第１位を四捨五入《ししゃごにゅう》するとよい。四捨五入の関係で、合計が 100％にならないときは、割合《わりあい》の一番大きい部分か「その他」の項目《こうもく》で調整し、100％になるようにする。

②表題をかく。

③円の中心角は 360°で 100％を表す。そのため、１％を 3.6°として、各部分の中心角を求める。計算後は、小数第１位を四捨五入する。円を 100 等分しためもりのグラフ用紙があると便利。

④円の中心から真上に引いた直線を基線《きせん》とし、右回りに百分率《ひゃくぶんりつ》が大きい順に区切る。グラフのなかやそばに「どの項目が何％か」を記す。各部分の色やもようを変えると見やすくなる。

⑤資料《しりょう》の出典をかく。自分で調査《ちょうさ》や実験をして資料を得た場合、調査・実験をした年月日、対象、方法などを記す。

〔表〕好きな休日の過《す》ごし方（5年1組・2組）

過ごし方	人数	割　合
テレビ・ビデオ・DVDなどを見る	13	16%
友人や仲間と会ったり遊んだりする	11	14%
パソコンやインターネットをする	9	11%
ゲームをする	9	11%
スポーツや運動をする	8	10%
家族と出かける	8	10%
まんがを読む	7	9%
本を読む	6	8%
家の手伝いをする	5	6%
家で勉強する	4	5%
合計	80人	100%

①

・テレビ・ビデオ・DVD《ディーブイディー》 などを見る
13 ÷ 80 × 100 ＝ 16.25 → 16
・友人や仲間と会ったり遊んだりする
11 ÷ 80 × 100 ＝ 13.75 → 14
・パソコンやインターネットをする
・ゲームをする
9 ÷ 80 × 100 ＝ 11.25 → 11
・スポーツや運動をする
・家族と出かける
8 ÷ 80 × 100 ＝ 10
・まんがを読む
7 ÷ 80 × 100 ＝ 8.75 → 9
・本を読む
6 ÷ 80 × 100 ＝ 7.5 → 8
・家の手伝いをする
5 ÷ 80 × 100 ＝ 6.25 → 6
・家で勉強する
4 ÷ 80 × 100 ＝ 5

16 ＋ 14 ＋ 11 ＋ 11 ＋ 10 ＋ 10 ＋ 9 ＋ 8 ＋ 6 ＋ 5 ＝ 100

注意点

・「その他」という項目《こうもく》をつくる場合は、どれだけ大きくても最後に表示《ひょうじ》する。

・合計が必ず 100%になるようにする。複《ふく》数《すう》回答（1人が2つ以上の回答をすること）の結果など、100%をこえるデータは円グラフでは表せない。

円グラフに適《てき》したテーマ例

・発電方法別の電力の割合《わりあい》

・ある地域《ちいき》の男女別人口の割合

・ある質問《しつもん》に対する答えの内訳《うちわけ》

・輸入品《ゆにゅうひん》／輸出品《ゆしゅつひん》の内訳

好きな休日の過《す》ごし方（5年1組・2組）……②

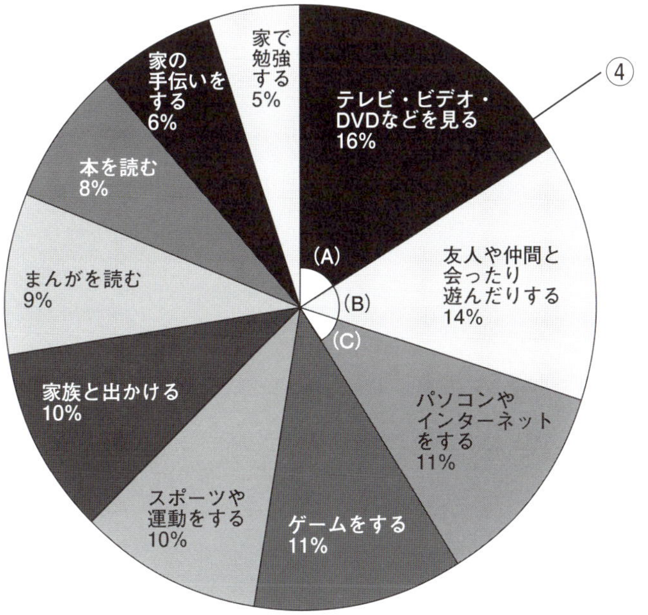

調査年月日：○○○○年○月○日
調査対象：5年1組・2組の児童 80 人
調査方法：アンケートで1人1つずつ回答
……⑤

③

・テレビ・ビデオ・DVD などを見る

16 × 3.6 ＝ 57.6 → 58°（A）

・友人や仲間と会ったり遊んだりする

14 × 3.6 ＝ 50.4 → 50°（B）

・パソコンやインターネットをする

・ゲームをする

11 × 3.6 ＝ 39.6 → 40°（C）

ほかの項目《こうもく》も同じようにして求める。

● **100 等分しためもりのグラフ用紙**

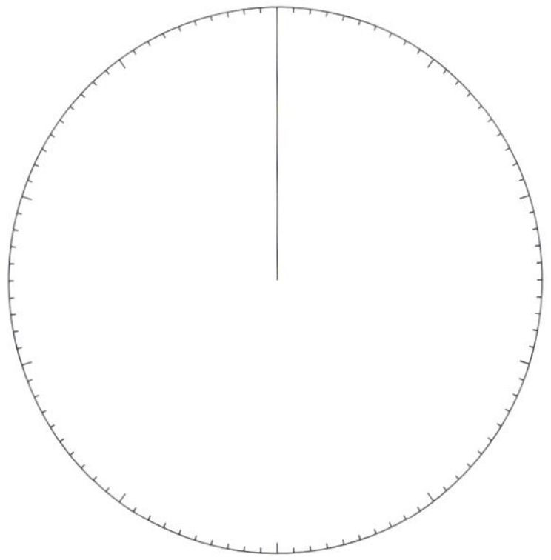

円グラフの種類

円グラフの基本《きほん》の形は62～65ページで紹介《しょうかい》したものですが、よりデータを見やすくするために工夫《くふう》が加えられたものがあります。

■ドーナツグラフ

ドーナツグラフとは、円グラフの中心にあなをあけた、ドーナツのような形のグラフのことです。あなの部分に、データの合計や年度を記入できます。

■分割《ぶんかつ》円グラフ

円グラフから特定の項目《こうもく》を切りはなすと、その項目を強調して見せられます。

また、円グラフのすべての項目を切りはなすと、全体に対する数値《すうち》の関係や比較《ひかく》を示《しめ》しつつ、それぞれの数値を強調することができます。

日本の地方別の人口（2012年）

ドーナツグラフ

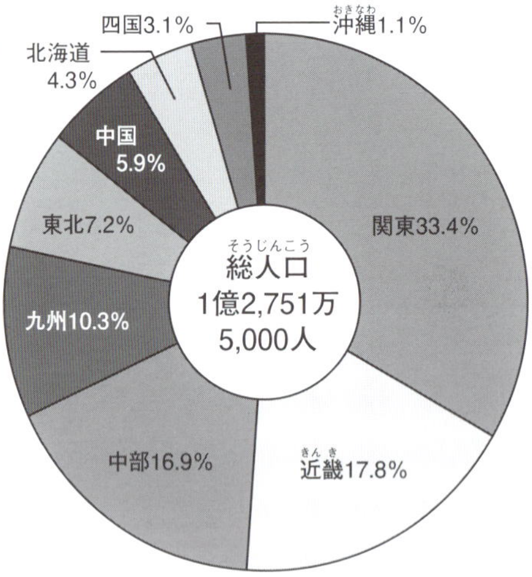

一部分割《ぶんかつ》円グラフ

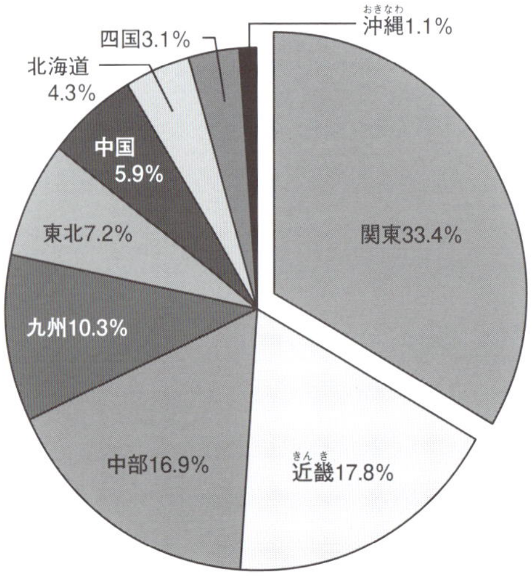

全体分割《ぶんかつ》円グラフ

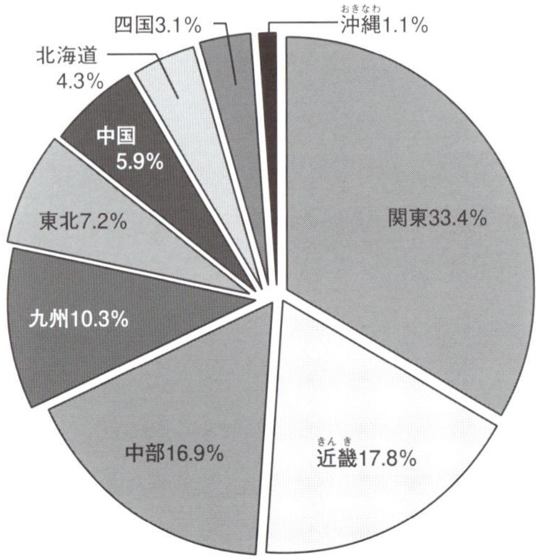

■補助《ほじょ》グラフつき円グラフ

円グラフのなかで割合《わりあい》が小さい項目《こうもく》は、おうぎ形が小さくなりすぎて、見にくくなってしまうことがあります。そのため、割合の小さな項目を「その他」という項目にまとめて示《しめ》し、その内訳《うちわけ》を補助《ほじょ》グラフにすると、見やすくまとめることができます。

また、ある部分の内訳をとくに強調したい場合にも、補助グラフを用いると便利です。

補助グラフは、円グラフや帯《おび》グラフ（➡P68）をつかって表します。

補助《ほじょ》グラフつき円グラフ

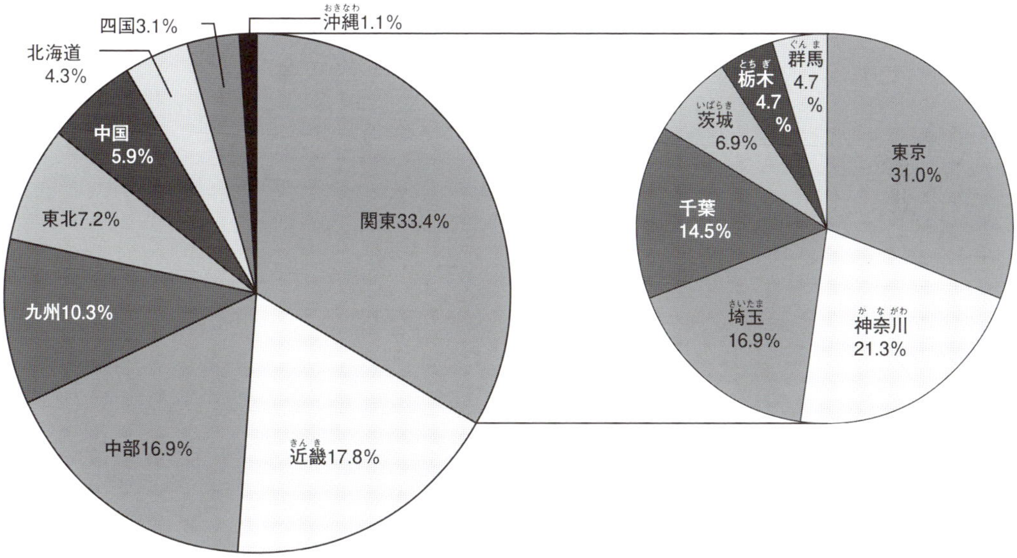

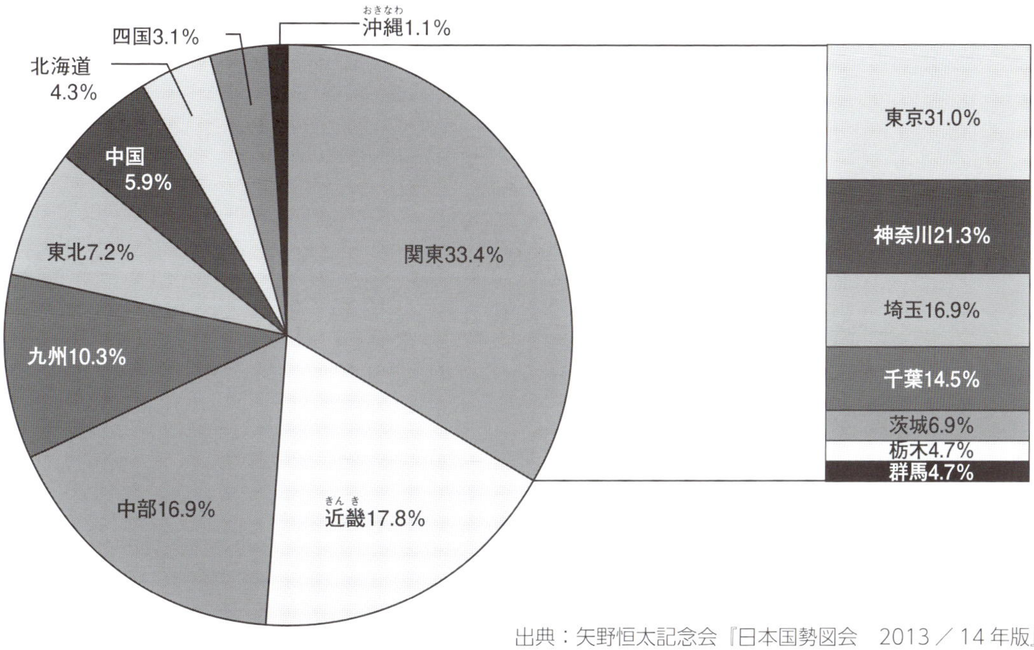

出典：矢野恒太記念会『日本国勢図会　2013／14年版』

8 割合《わりあい》を表す 帯《おび》グラフ

帯《おび》グラフは、円グラフと同じく、割合《わりあい》を表すためのグラフです。円ではなく、長い棒《ぼう》(帯)をつかって表現《ひょうげん》します。

特徴《とくちょう》

帯《おび》グラフは、円グラフと同様に割合《わりあい》を表すのに用いるグラフです。長い棒《ぼう》（帯）全体を 100％として、そのなかにそれぞれの項目《こうもく》の割合を示《しめ》すことで、全体に対する各項目の割合や、たがいの関係を見せることができます。また、複数《ふくすう》の帯グラフをならべることによって、割合の変化をわかりやすく表すこともできます。

日本に住む国籍別《こくせきべつ》外国人の人口の割合《わりあい》の推移《すいい》（1995 年～ 2010 年／5年ごと）

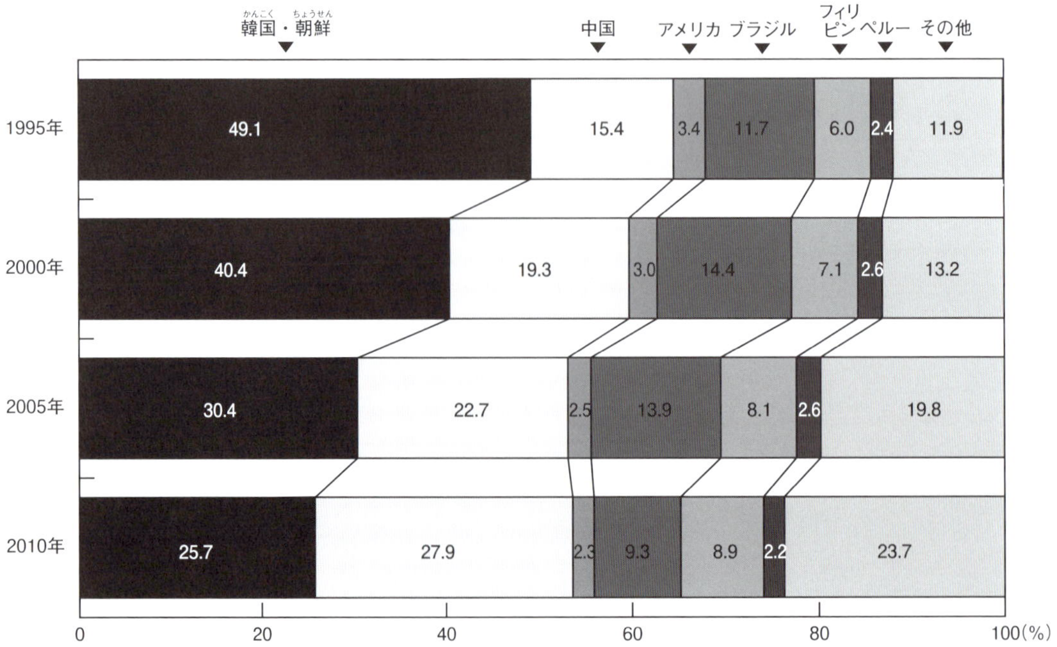

注１：「その他」は無国籍《むこくせき》および国名「不詳《ふしょう》」をふくむ。
注２：端数省略《はすうしょうりゃく》のため、内訳《うちわけ》の合計が 100%にならない場合がある。
出典：総務省統計局「平成 22 年 国勢調査」

読み方

帯《おび》グラフの各項目《かくこうもく》は、それぞれの色やもよう、順番を決めて区切られます。そのため、ならべられたグラフの同じ色やもように注目すると、割合《わりあい》の変化を読みとることができます。また、割合が変化している理由についても考えてみましょう。

左ページの例で示《しめ》したグラフからは、つぎのようなことが読みとれます。

- 「韓国《かんこく》・朝鮮《ちょうせん》」の割合は年ねん減少《げんしょう》するいっぽう、「中国」の割合が増加《ぞうか》してきているのが目立つ。2010年には「中国」の割合が「韓国・朝鮮」を上回った。
- 「その他」の割合が増加している。

下に示したグラフからは、どんなことが読みとれるでしょうか。

産業別就業者数《しゅうぎょうしゃすう》（15歳《さい》以上）の構成率《こうせいりつ》の変化

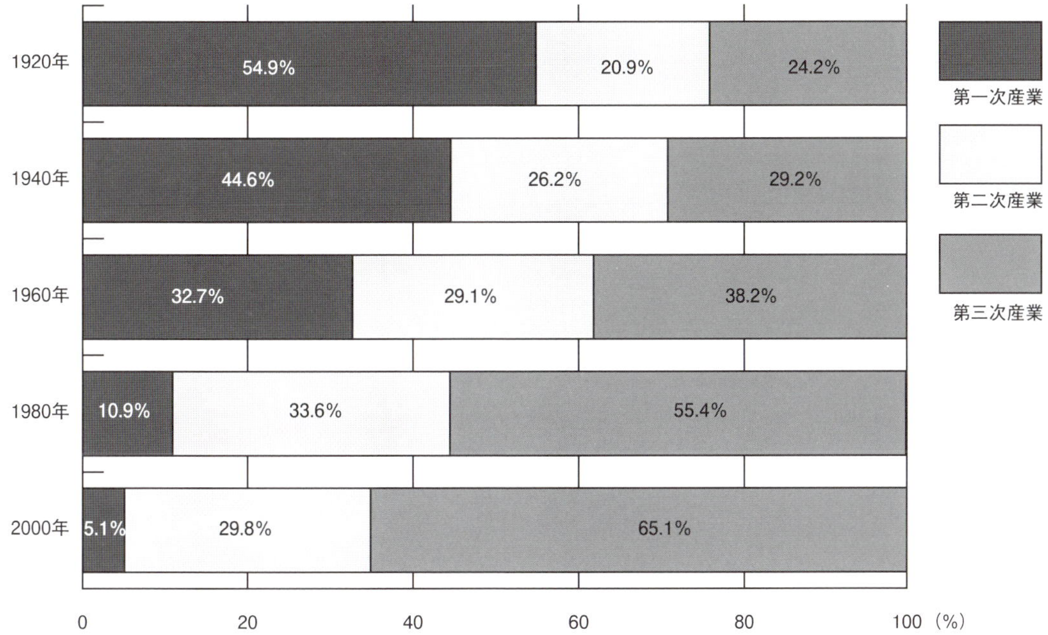

第一次産業：農業、林業、漁業
第二次産業：鉱業《こうぎょう》、建設業《けんせつぎょう》、製造業《せいぞうぎょう》
第三次産業：その他

注：端数省略《はすうしょうりゃく》のため、内訳《うちわけ》の合計が100%にならない場合がある。
出典：総務省統計局「国勢調査」

読みとれること

①1920年は第一次産業の仕事についている人の割合《わりあい》は全体の半分以上を占《し》めていたが、2000年には約5%にまで減少《げんしょう》している。②第二次産業と第三次産業の仕事についている人の割合は増加《ぞうか》してきている。とくに第三次産業の割合は大幅《おおはば》な増加が見られる。

かき方

帯《おび》グラフをかくときには、①〜⑤のような手順で進めていきます。「家で飼《か》ってみたい生きもの（５年生）」というテーマを例に見ていきましょう。

①それぞれの部分が全体の何％になるかを求める。計算方法は円グラフ（➡ P64）と同じ。四捨五入《ししゃごにゅう》の関係で、合計が 100 ％にならないときは、割合《わりあい》の一番大きい部分か「その他」の項目《こうもく》で調整し、100 ％になるようにする。

②表題をかく。

③めもりは、全体の長さを 100％で表す。軸《じく》をかき、０％から 100％までめもりを区切る。軸と同じ長さの長方形（帯）をかく。帯を 100 等分しためもりのグラフ用紙があると便利。

④左から右に、百分率《ひゃくぶんりつ》が大きい順に区切る。グラフのなかやそばに「どの項目が何％か」を記す。各部分の色やもようを変えると見やすくなる。

⑤資料《しりょう》の出典をかく。自分で調査《ちょうさ》や実験をして資料を得た場合、調査・実験をした年月日、対象、方法などを必要に応《おう》じて記す。

〔表〕家で飼《か》ってみたい生きもの（５年生）

生きもの	人数	割合（%）…①
イヌ	26	32
ネコ	20	25
ウサギ	10	13
小鳥	9	11
カメ	8	10
魚	7	9
合計	80	100

家で飼《か》ってみたい生きもの（５年生）…②

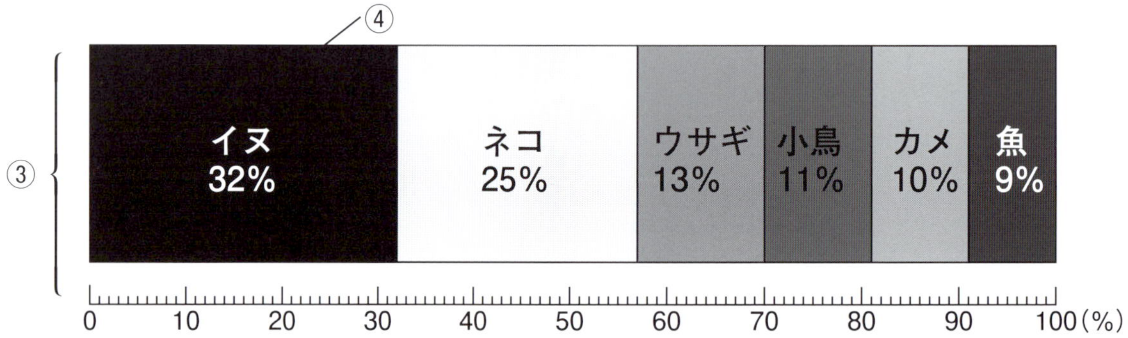

調査年月日：○○○○年○月○日
調査対象：５年１組・２組の児童 80 人
調査方法：アンケートで１人１つずつ回答
⑤

注意点

- 複数《ふくすう》回答の結果など、100％をこえるデータは帯《おび》グラフにできない。
- 「その他」の項目《こうもく》をつくる場合は最後にする。
- たてグラフの場合には、下から上に向けて百分率《ひゃくぶんりつ》が大きい順に区切る（例1）。「その他」は最上部。
- 質問《しつもん》に対する回答を帯グラフに表示《ひょうじ》する場合など、必ずしもデータの大きい順にならべないこともある。
- 複数の帯グラフをならべる場合、それぞれの項目の色やもようをそろえる。また、項目の順番を変えると割合《わりあい》の変化が見てもわからなくなってしまうので、順番は変えない（例2）。

帯グラフに適《てき》したテーマ例

- ある質問《しつもん》に対する答えの割合《わりあい》の比較《ひかく》（学校のクラス別、年代別、男女別など）
- 小学生の1日の生活時間の内訳《うちわけ》の変化
- 日本の地域別《ちいきべつ》工業生産額《せいさんがく》の割合の変化
- 年代別人口の割合の変化

●例1：たてグラフの場合

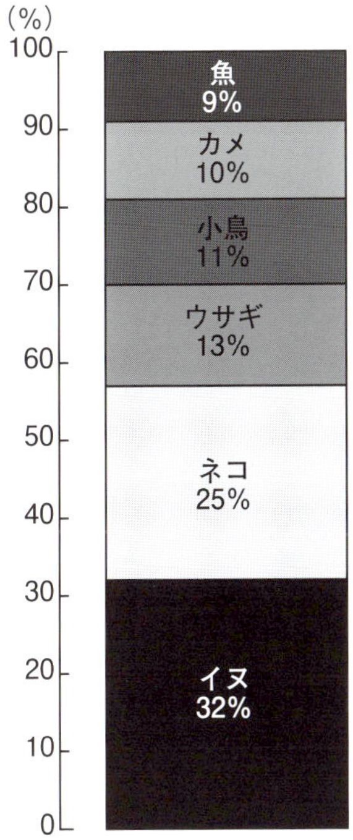

●例2：複数《ふくすう》の帯《おび》グラフ

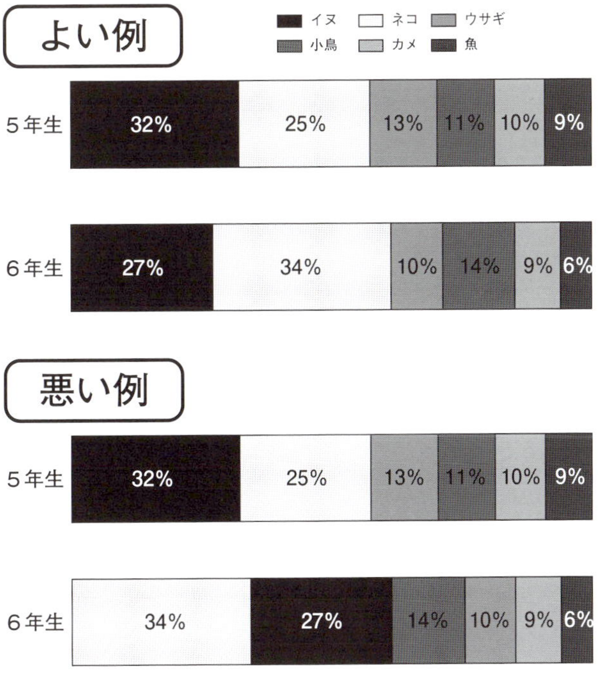

● 100等分しためもりのグラフ用紙

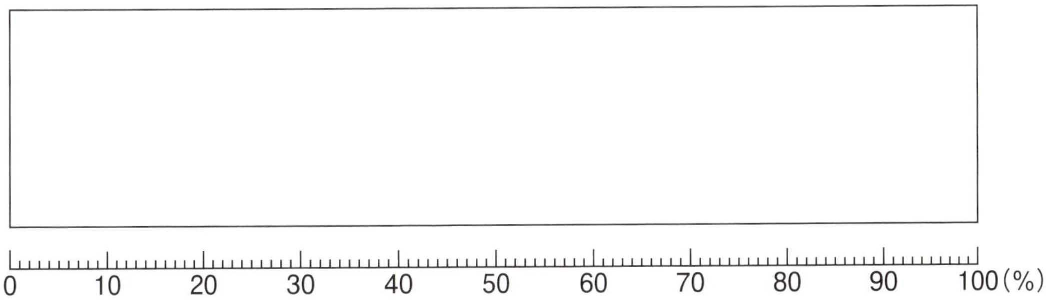

9 分布《ぶんぷ》を表す ヒストグラム

ヒストグラムは柱状《ちゅうじょう》グラフともいわれ、一見、棒《ぼう》グラフに似た形をしています。しかし何を表すかは、まったく異《こと》なります。

特徴《とくちょう》

ヒストグラムは、データがどのようにちらばっているのか、あるいは集中しているのかといった分布《ぶんぷ》のようすを示《しめ》すグラフです。グラフをつくるためには、「度数分布表」が必要です。これは、記録をいくつかの階級にわけてそれぞれの階級に入る記録の数を表した表のことです。「度数」は、それぞれの階級に入る記録の数を指します。横《よこ》軸《じく》に階級を、たて軸に度数のめもりをとって、長方形の面積で表します。

5年1組・2組男子のソフトボール投げの記録

〔度数分布表〕

階級：記録	度数：人数
5m以上～10m未満	3
10～15	6
15～20	12
20～25	17
25～30	19
30～35	10
35～40	7
40～45	4
45～50	2
合計	80

〔ヒストグラム〕

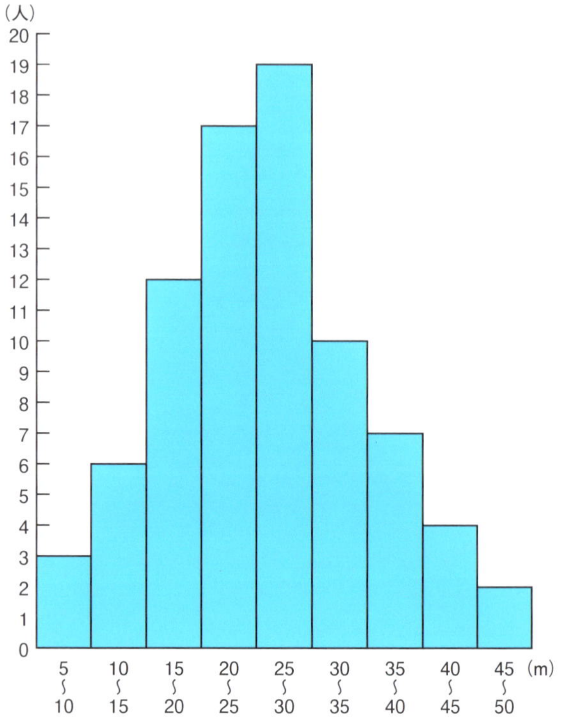

読み方

ヒストグラムは分布《ぶんぷ》のようすを一目でわかるようにしたものです。分布の広がり（範囲《はんい》）や、どの記録が最も多いかなどがわかります。

左ページの例では、つぎのようなことがわかります。

・記録の範囲《はんい》は5mから50m未満まで。
・最も度数が大きい階級は25m以上30m未満。

■ヒストグラムの代表的なパターン

①データが集中する山の部分が1つで、左右対称《たいしょう》な形

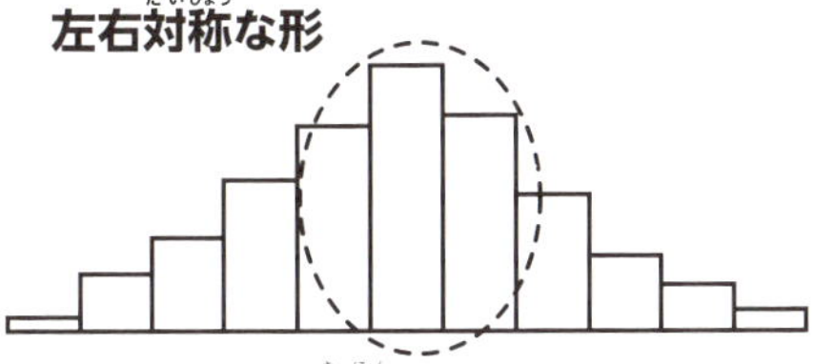

ヒストグラムの基本《きほん》となる形。データのとられた集団《しゅうだん》が同じ性質《せいしつ》の集団であるとき、観測《かんそく》される数値《すうち》のばらつきは個体差《こたいさ》の範囲《はんい》と考えることができる。その場合、平均的《へいきんてき》な数値の範囲に多くのデータが集中し、分布の山が1つできる。左ページの例はこのパターンにあてはまる。

②山が2つ以上ある形

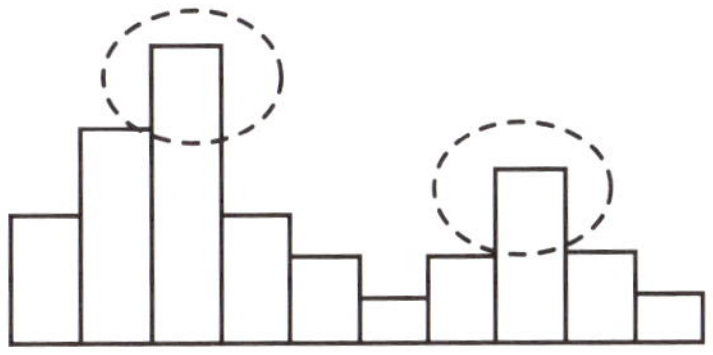

まわりにくらべてデータが多く集中する山の部分が2つ以上ある形。ふつう、同じ性《せい》質《しつ》の集団《しゅうだん》では中心的な傾向《けいこう》は1つだけだと考えられるので、山の数だけ異質《いしつ》な集団がまじっていることが考えられる。

③左右非対称《ひたいしょう》な形

すそが広がっている部分が、山をつくっている部分とは本質的《ほんしつてき》に異《こと》なる、何かかたよったデータであることを指す。右方向にすその長いもの（右にゆがんだ分布）と、左方向にすその長いもの（左にゆがんだ分布）がある。右にゆがんだ分布は、世帯ごとの貯蓄額《ちょちくがく》の分布など、お金に関するデータによく見られる。

④外《はず》れ値《ち》がある形

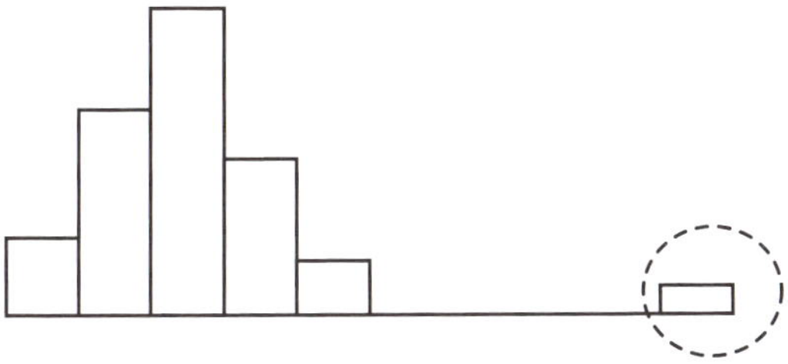

ほかの多くの値《あたい》から大きく外れた値（外《はず》れ値《ち》）がふくまれる。外れ値は、集団《しゅうだん》の平均値《へいきんち》（➡P77、76）を計算するうえで影響《えいきょう》をあたえることが多い。また、外れ値の存在《そんざい》はなんらかの重要な発見に結びつくこともある。

かき方

記録を度数分《ぶん》布《ぷ》表《ひょう》に整理し、さらにヒストグラムに表すとき、①～⑥のような手順で進めていきます。「5年1組が学校図書館で借りた本の冊数《さっすう》（年間）」というテーマを例に見ていきましょう。

①冊数のデータを一定の幅《はば》ごとに区切って階級をつくり（この例の場合5冊ごと）、階級ごとに人数をまとめて度数分布表として整理する。

②表題を書く。

③横の軸《じく》にすべての階級を入れる。

④たての軸に、最大の度数が入るように度数をめもりにとる。

⑤階級の幅を横、その階級にふくまれる度数をたてとする長方形をかいていく。

⑥資料《しりょう》の出典をかく。自分で調査《ちょうさ》や実験をして資料を得た場合、調査・実験をした年月日、対象、方法などを必要に応《おう》じて記す。

〔表〕 5年1組が学校図書館で借りた本の冊数《さっすう》（年間）

生徒番号	冊数(冊)	生徒番号	冊数(冊)	生徒番号	冊数(冊)	生徒番号	冊数(冊)
1	17	11	13	21	23	31	48
2	32	12	18	22	22	32	29
3	11	13	43	23	14	33	12
4	28	14	27	24	37	34	16
5	21	15	21	25	41	35	24
6	9	16	20	26	28	36	30
7	38	17	18	27	34	37	36
8	24	18	16	28	15	38	21
9	20	19	8	29	26	39	10
10	52	20	10	30	32	40	25

①

階級：冊数	度数：人数
5以上～10未満	2
10～15	6
15～20	6
20～25	9
25～30	6
30～35	4
35～40	3
40～45	2
45～50	1
50～55	1
合計	40

5年1組が学校図書館で借りた本の冊数《さっすう》（年間）…②

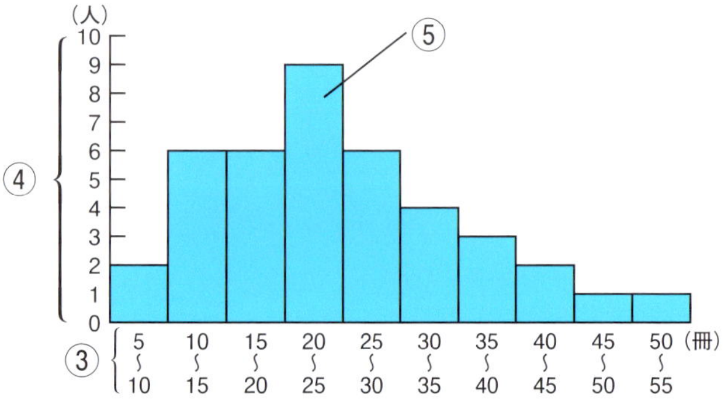

調査期間：○○○○年4月～○○○○年3月
調査対象：5年1組の児童40人
調査方法：学校図書館の貸出記録より
⑥

注意点

・ヒストグラムをつくるときは、階級の幅《はば》をいくつにするかが大きなかぎとなる。いくつにするべきかという決まりはないが、階級の幅が大きすぎると、おおざっぱすぎて全体の傾向《けいこう》が読みとりにくくなり、小さすぎるとデータの集中が見えなくなるので注意が必要（例1、2）。5きざみや10きざみなど、きりのよい数字にしたり、いくつかの階級幅をためしてみたりして最も見やすいものを選ぶようにするとよい。

・ヒストグラムの横軸《よこじく》は連続する数量を表すため、長方形と長方形のあいだをあけたり柱の順番を変えたりしない。

・階級幅は「○以上●未満」で区切ることが多い。これは、「○はふくみ、●はふくまない」という数字の範囲《はんい》を指す。たとえば「5以上10未満」という場合、「5、6、7、8、9」を指し、10はふくまない。いっぽうで、「○より大きく●以下」で区切る場合もある。これは、「○はふくまず、●をふくむ」という数字の範囲を指す。「5より大きく10以下」であれば、「6、7、8、9、10」を指す。どちらの方法で区切るかを明確《めいかく》にし、度数をまとめるときに重複《ちょうふく》（同じ数字が2つの階級にふくまれること）しないように注意する。

ヒストグラムに適《てき》したテーマ例

・あるクラスのテストの結果の分布《ぶんぷ》
・ある学年の平均《へいきん》通学時間の分布
・あるグループ内の身長の分布
・世界の平均寿命《じゅみょう》の分布

●例1：階級幅《かいきゅうはば》が大きすぎる場合（25きざみ）

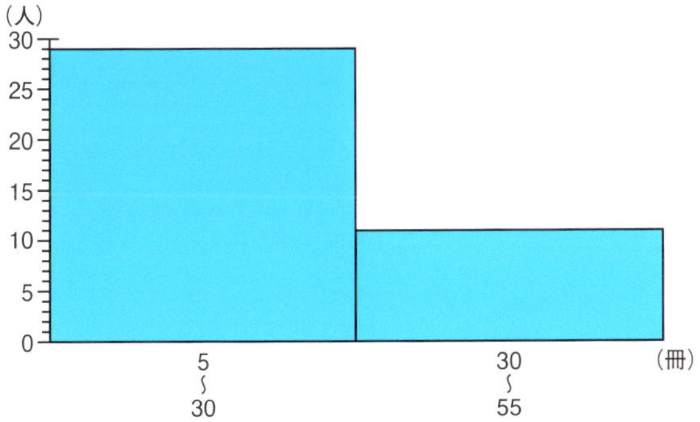

データの総数《そうすう》（この例では40）にくらべて階級の数が少なくなり、データがかたまりすぎて分布《ぶんぷ》のようすが見えなくなる。

●例2：階級幅《かいきゅうはば》が小さすぎる場合（2きざみ）

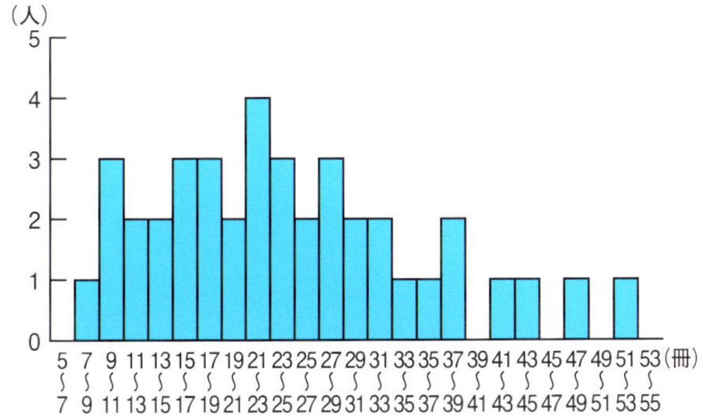

データの総数《そうすう》にくらべて階級の数が多すぎると、でこぼこのある広がったヒストグラムができてしまい、データの集中が読めなくなる。

コラム

代表値《だいひょうち》に注目しよう

ヒストグラムで数値《すうち》の分布《ぶんぷ》を見る際《さい》、代表値《だいひょうち》に注目すると、より深く理解《りかい》することができます。

代表値《だいひょうち》とは？

データの分布《ぶんぷ》がどのような特徴《とくちょう》・傾向《けいこう》をしているかを表す数値《すうち》を、代表値《だいひょうち》といいます。代表値には、「平均《へいきん》（平均値）」「最頻《さいひん》値《ち》」「中央値《ちゅうおうち》」の３種類があります。

１か月のおこづかいの金額《きんがく》を例に考えてみましょう。

・平均値：データ全体の合計を、データの総数《そうすう》で割《わ》った数値。例では、18,200（合計金額）÷ 25（人数）＝ 728 円

・最頻値：度数の最も多い階級の中心の数値。例では度数（人数）が最も多い階級は「450 ～ 550」なので、その中心の数値である 500 円が最頻値となる。ただし、同じ統計《とうけい》データでも、階級の分け方によって最頻値は変わってくる。

・中央値：データを小さい順にならべたとき、全体のちょうど中央にくる数値。データの総数が奇数《きすう》のときは小さい順にならべたときの中央の数値、偶数《ぐうすう》のときは中央にある２つの数値の平均値を中央値とする。例では、金額の小さい順にならべたとき中央（この場合、25 個のデータのうち 13 番目）にくる金額、つまり 600 円。

4年1組の1か月のおこづかいの金額《きんがく》（小さい順）

順位	金額（円）
1	400
1	400
3	500
3	500
3	500
3	500
3	500
3	500
9	600
9	600
9	600
9	600
9	600
14	700
14	700
14	700
14	700
18	800
18	800
20	900
20	900
22	1,000
23	1,200
24	1,500
24	1,500
合計	18,200

平均値《へいきんち》はつねに全体の代表？

左ページの表を、度数分布表《ぶんぷひょう》とヒストグラムで下のように表しました。

450 ~ 550 円や 550 ~ 650 円のところに人が集まっているにもかかわらず、平《へい》均値《きんち》は 728 円と、より上の金額《きんがく》となっています。これは、データのなかに極端《きょくたん》に大きい、または小さい数値があると、平均値が影響《えいきょう》を受けてしまうためです。

例では、最も金額の高い 1,450 ~ 1,550 円の人が少数ながらいるため、平均値もそれに引っぱられて大きくなっています。この場合、平均値は全体の代表的な数値（代表値《だいひょうち》）とはいえません。かわりに、金額の小さい順にならべてちょうどまんなかにくる中央値《ちゅうおうち》（600 円）で見ると、分布の傾向《けいこう》をつかむことができます。

このように、平均値は、つねに一番多いところや全体の代表を示《しめ》すとはかぎらないのです。

度数分布表《ぶんぷひょう》

階級：金額	度数：人数
350以上~450未満	2
450~550	6
550~650	5
650~750	4
750~850	2
850~950	2
950~1,050	1
1,050~1,150	0
1,150~1,250	1
1,250~1,350	0
1,350~1,450	0
1,450~1,550	2

ヒストグラム

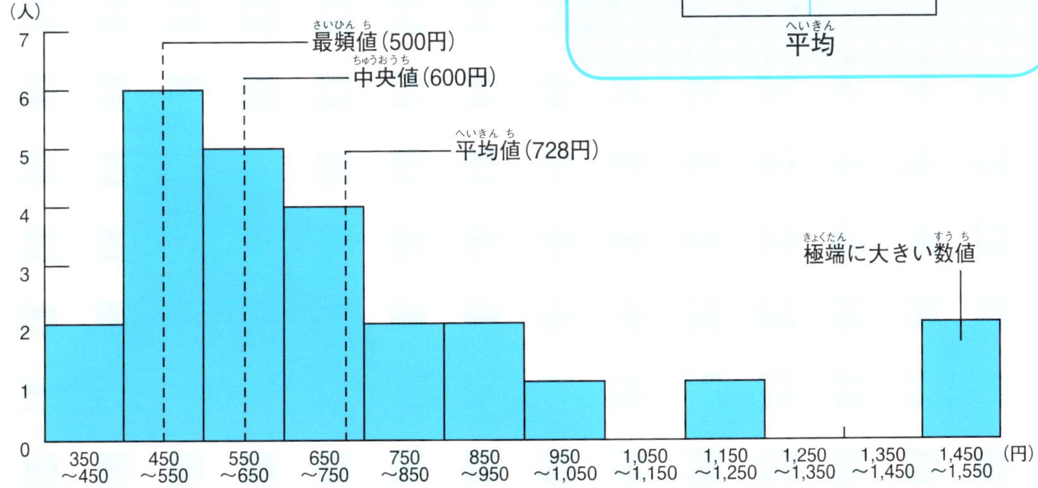

ワンポイント

平均値《へいきんち》が代表値《だいひょうち》でない例

おこづかいの例のように、極端《きょくたん》に大きい・小さい数値《すうち》がある場合のほか、山の高くなっているところが２つに分かれている場合も、平均値《へいきんち》が代表値《だいひょうち》とはいえない例です。このようなときも、最頻値《さいひんち》や中央値《ちゅうおうち》に注目すると分布《ぶんぷ》の傾向《けいこう》をつかみやすくなります。

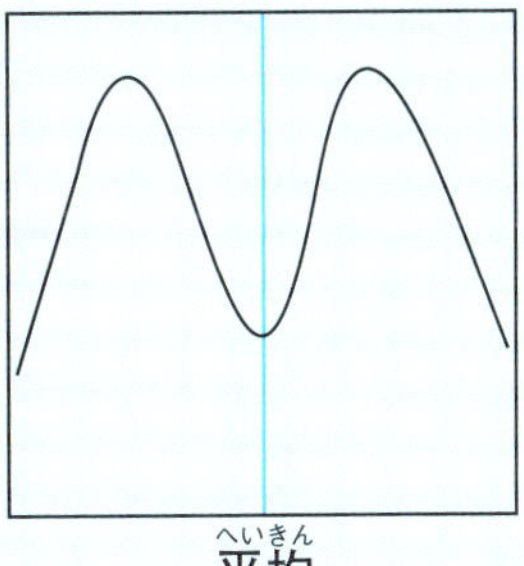

10 複数《ふくすう》の指標を表す レーダーチャート

テストや体力測定《そくてい》の結果などをグラフに表すときは、レーダーチャートが便利です。

特徴《とくちょう》

レーダーチャートは、複数《ふくすう》の項目《こうもく》の大きさを１つのグラフに表示《ひょうじ》することにより、項目どうしのバランスや全体の傾向《けいこう》をつかむのに用いられるグラフです。項目の数に合った正多角形*の形をしています。正多角形の各頂点《かくちょうてん》をそれぞれの項目にあてはめ、中心と各頂点を直線で結びます。中心を０と定め、外に向かうほど数値《すうち》が大きくなっています。その形から、「クモの巣グラフ」や「スターチャート」ともよばれています。

* すべての辺の長さが等しく、すべての内角の大きさが等しい多角形。正三角形、正方形、正五角形など。

ある5年生女子の体力テスト結果（2012 年）

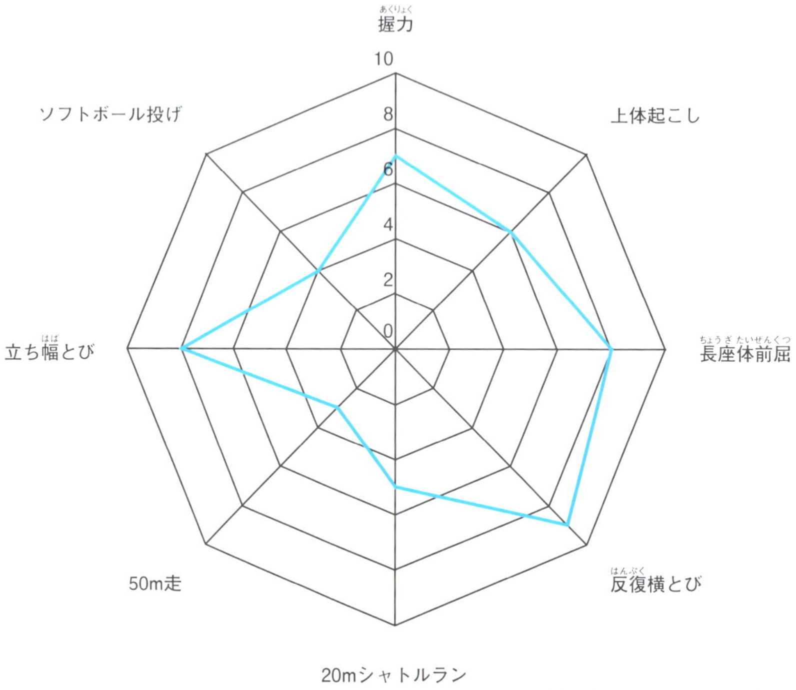

注：結果を、種目別得点表により点数化。

読み方

レーダーチャートは、複数《ふくすう》のデータを1つのグラフに表示するため、各項目《かくこうもく》の数値《すうち》の大小を一目で把握《はあく》するのに便利です。

数値のバランスがとれているほど、正多角形に近い形になります。

左ページの例からは、つぎのようなことが読みとれます。

- 8種目のなかでは長座体前屈《ちょうざたいぜんくつ》、反復《はんぷく》横とび、立ち幅《はば》とびが得意である。
- 20mシャトルラン、50m走、ソフトボール投げが苦手である。

また、1つのグラフで複数の調査《ちょうさ》対象について表されていれば、たがいに各項目についてくらべることもできます。体力テストの場合、全国の同学年の平均《へいきん》と自分の結果をくらべると、自分の体力や運動能力《のうりょく》についてより深く知ることができます。

下のレーダーチャートからはどのようなことを読みとれるでしょうか。

商品Aと商品Bの評価比較《ひょうかひかく》（5段階《だんかい》評価）

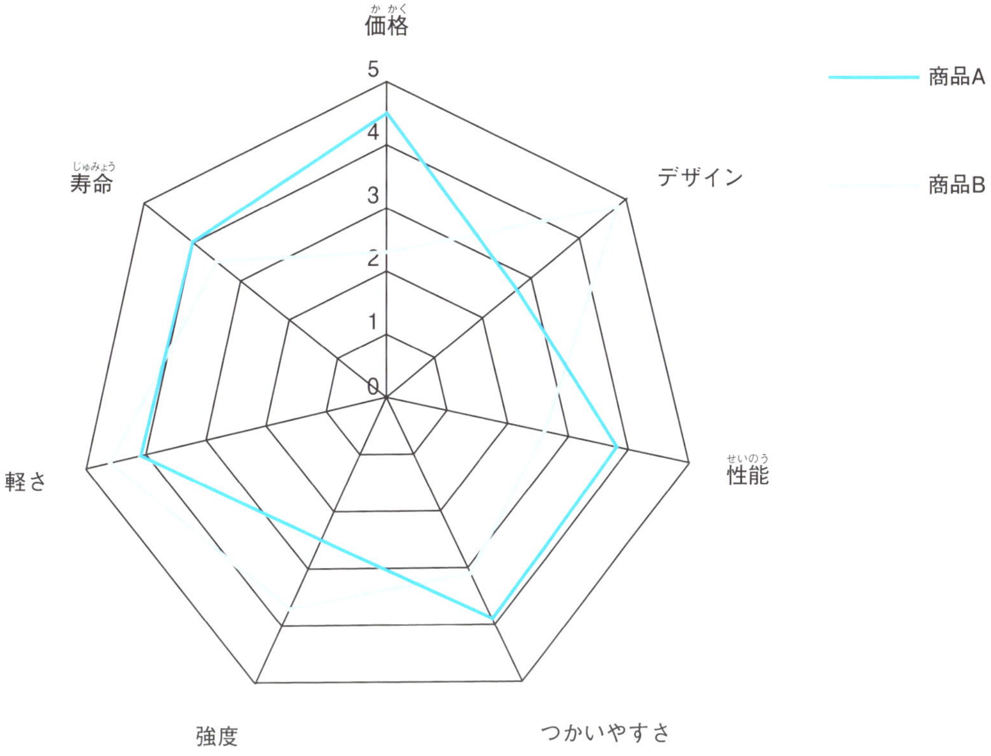

読みとれること

①商品Aは価格《かかく》、性能《せいのう》、つかいやすさ、寿命《じゅみょう》の項目《こうもく》で商品Bより評価《ひょうか》が高い。とくに価格は評価の差が大きい。②商品Bはデザイン、強度、軽さの項目で商品Aより評価が高い。とくにデザインは評価の差が大きい。

かき方

レーダーチャートをかくときには、①～⑦のような手順で進めていきます。「1年1組（中学生）の5教科テスト平均点《へいきんてん》」というテーマを例に見ていきましょう。

①表題をかく。

②円を利用して、項目《こうもく》の数に合わせた正多角形をかく（➡ P81 ワンポイント）。

③めもりの数を決める。100点満点のテストの場合、0からはじまり、20、40、60、80、100と20点きざみに5等分してめもりをとることが多い。多角形の中心から各頂点《かくちょうてん》まで、めもりの数で等分して点を打ち、となりあう点どうしを結ぶ。

④中心を0としてめもりの数値《すうち》をかきこむ。

⑤多角形の各頂点のそばに項目名をかく。

⑥項目ごとの数値を示《しめ》す点を打ち、となりあう点どうしを結ぶ。このとき、正多角形の色と別の色で点・線をかいたり、グラフの内側に色をぬったりする。

⑦資料《しりょう》の出典をかく。自分で調査《ちょうさ》や実験をして資料を得た場合、調査・実験をした年月日、対象、方法などを必要に応《おう》じて記す。

〔表〕 1年1組の5教科テスト平均点《へいきんてん》

教科	英語	国語	社会	数学	理科
点数（点）	59	52	61	72	70

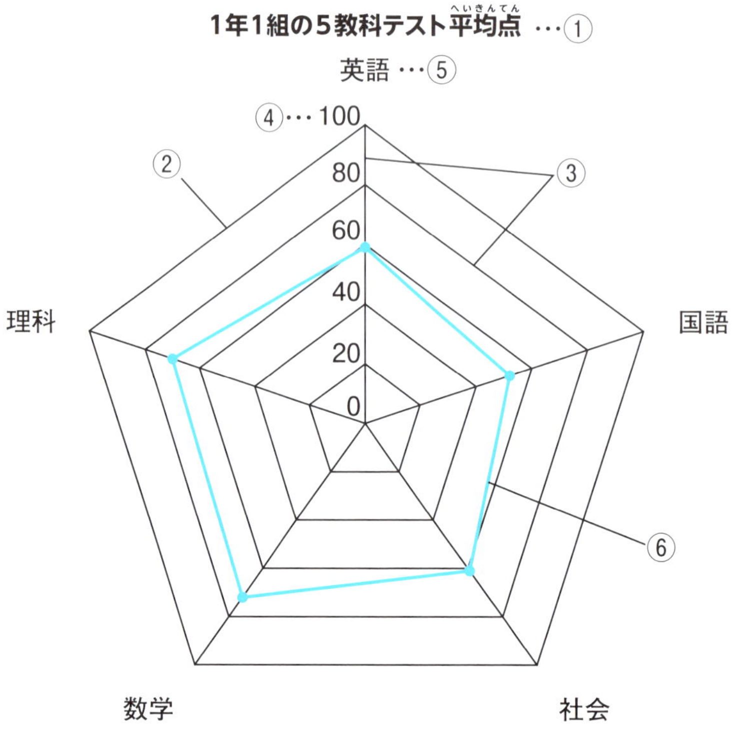

調査年月日：○○○○年○月○日
調査対象：1年1組の生徒40名
調査方法：1学期中間テストの結果より平均点を算出
⑦

注意点

・レーダーチャートは、項目《こうもく》をどのような順番でならべるかによって見え方が異《こと》なる（右のグラフ参照）。通常《つうじょう》は、似たような項目どうしがとなりあうようにならべるとよい。左ページの例では、文系《ぶんけい》科目の英語、国語、社会がとなりあい、理《り》系《けい》科目の数学、理科がとなりあうようにつくっている。そうすることで、個別《こべつ》の教科どうしのバランスだけでなく、「文系科目・理系科目はどうか」という、まとまった観点での比較《ひかく》もしやすくなる。

・各項目のめもりの数値《すうち》はばらばらではなく、そろえなければならない。たとえば、100 点満点のテストと 200 点満点のテストの結果を 1 つのレーダーチャートに表すときは、200 点満点のテストの結果が 100 点満点では何点に相当するかを計算する必要がある。

200 点満点中 180 点→ 100 点満点に換算《かんさん》すると、　180 ÷ 2 = 90 点

レーダーチャートに適《てき》したテーマ例

・ある人の体力測定《そくてい》の点数結果
・ある商品についての評価《ひょうか》
・食事にふくまれる栄養素《えいようそ》のバランス
・品目別食料自給率《じきゅうりつ》の国際比較《こくさいひかく》

項目《こうもく》の順番を変えたレーダーチャート

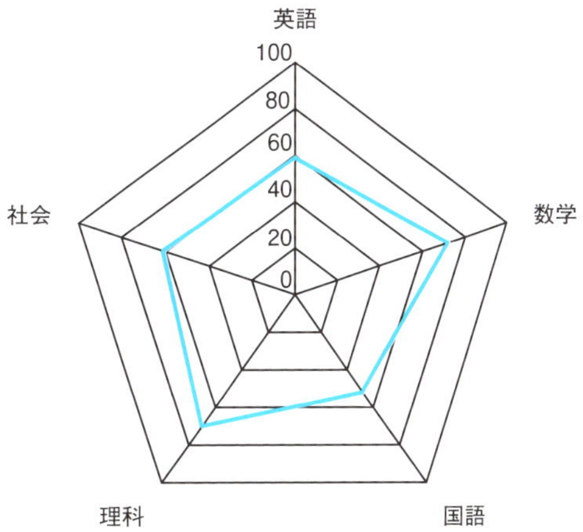

ワンポイント

正多角形のかき方

正多角形は、①～③の順序《じゅんじょ》でかくことができます。

①円をかく。

②円の中心の角度（360°）を頂《ちょう》点《てん》の数で等しく割《わ》るように半径をかく。

③半径と円周の交わる場所に点を打ち、となりあう点どうしを結ぶ。

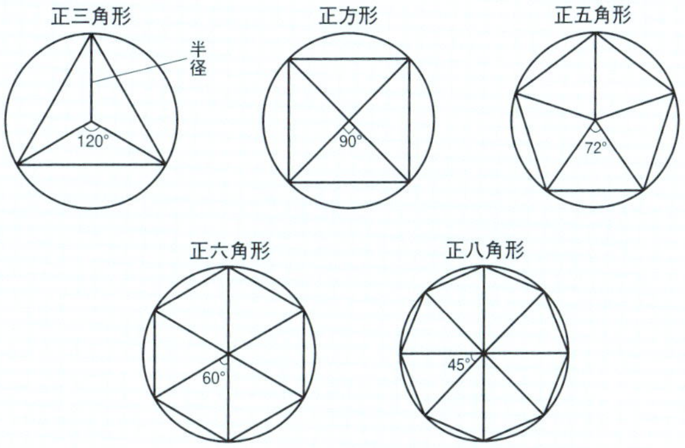

11 2種類のデータの関係を表す 散布図《さんぷず》

算数が得意な人は、理科も得意なのでしょうか？　そうした2つの項目《こうもく》について、数値的《すうちてき》な関連を表すために用いられるのが散布図《さんぷず》です。

特徴《とくちょう》

散布図《さんぷず》は、たて軸《じく》と横軸にそれぞれ別《べつ》の数値《すうち》をとり、データがあてはまるところに点を打って示《しめ》すグラフです。2つの数値のあいだに関係があるかどうかを見るために用います。

算数と理科の得点比較《ひかく》（4年1組）

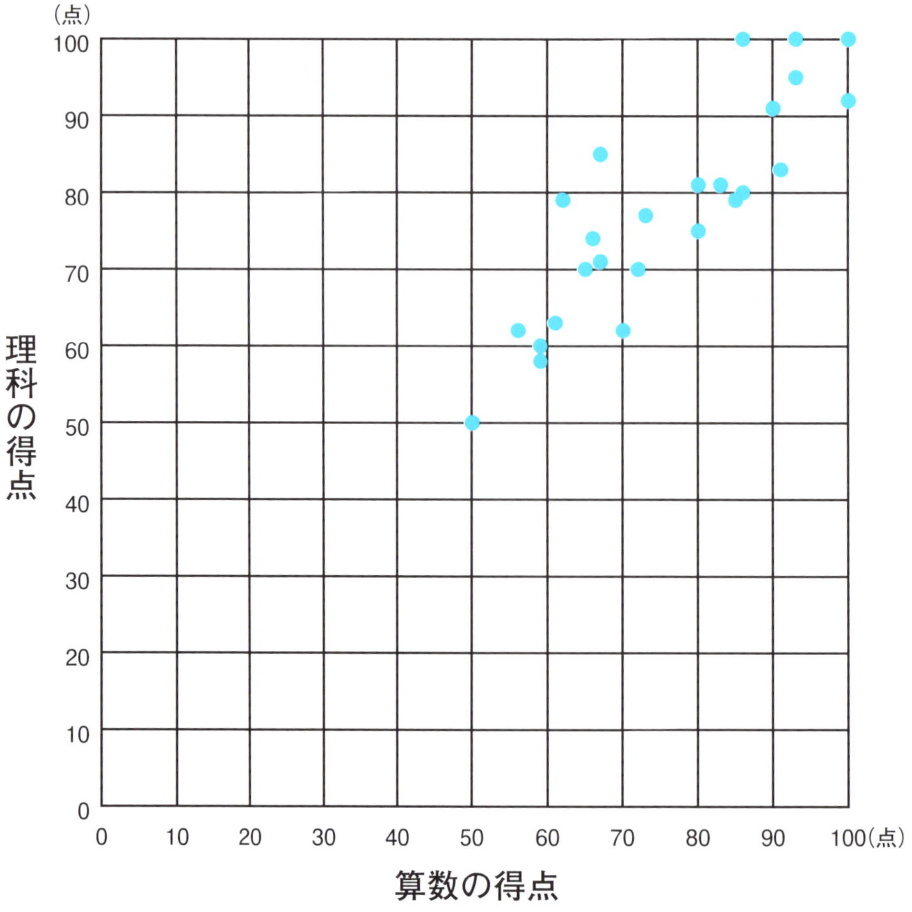

読み方

いっぽうが増加《ぞうか》するともういっぽうが直線的に増加、または減少《げんしょう》する傾向《けいこう》があるとき、２つの数値《すうち》のあいだには「相関《そうかん》」があるといいます。

ただし、散布図《さんぷず》が示《しめ》すのは、２つの数値のあいだに相関があるかどうかということだけです。どちらかが原因《げんいん》となって、もういっぽうが起こるという因果《いんが》関係を示すものではありません。

左ページの散布図では、算数の得点がよければよいほど理科の得点もよいという直線的な傾向があるので、算数と理科の成績《せいせき》には相関（正の相関）があるといえます。しかし、算数が得意だから理科も得意なのか、またはその逆《ぎゃく》なのかは、散布図を見ただけでは答えを出せないのです。散布図を読む際《さい》には、相関関係と因果関係のちがいを意識《いしき》することがとても重要です。

■おもな相関《そうかん》

正の相関《そうかん》

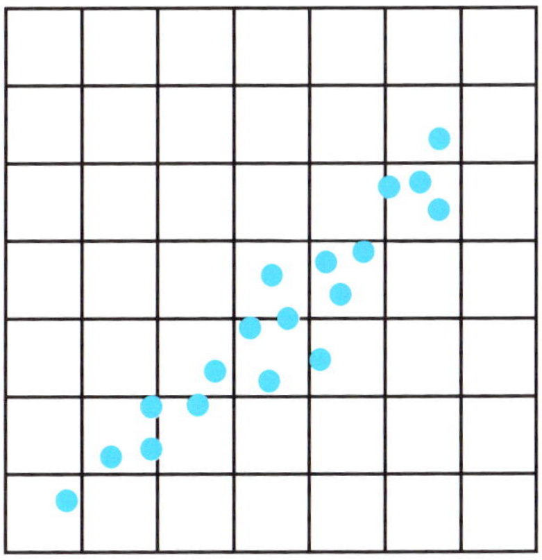

いっぽうが大きくなると、もういっぽうも大きくなる直線的な傾向《けいこっ》。

強い正の相関《そうかん》

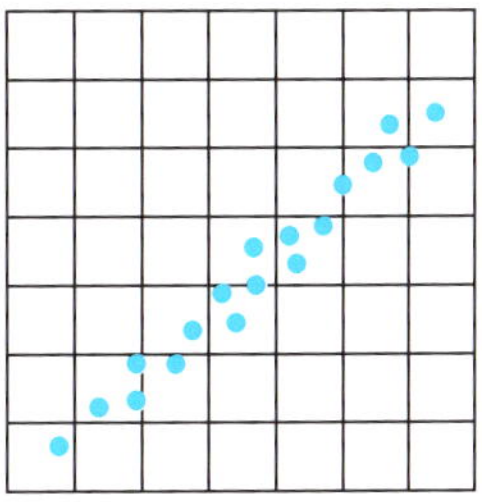

弱い正の相関《そうかん》

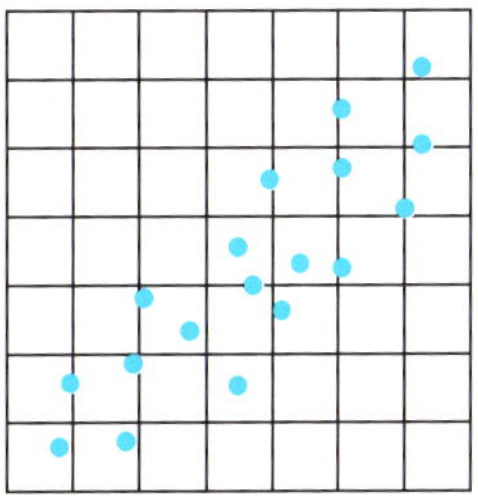

点が直線的に密集《みっしゅう》しているときは「強い相関《そうかん》がある」という（左）。いっぽう、直線的な傾向《けいこう》がぼやけているときは「弱い相関がある」という（右）。

負の相関《そうかん》

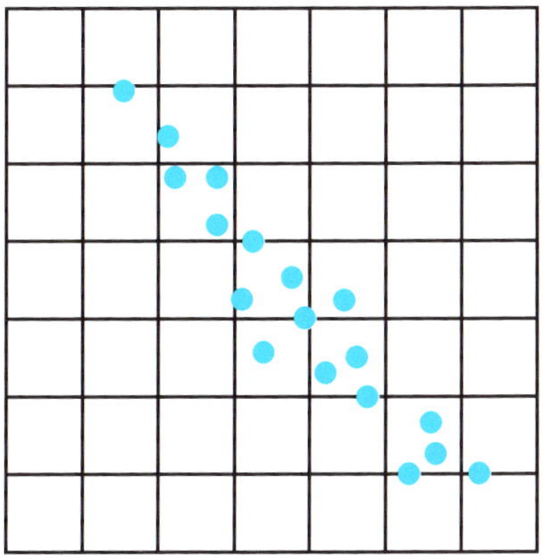

いっぽうが大きくなると、もういっぽうは小さくなる直線的な傾向《けいこう》。

相関《そうかん》がない

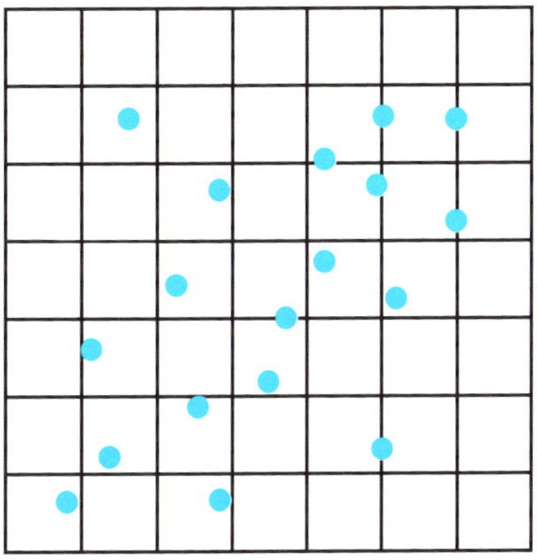

点のちらばり方に傾向《けいこう》が見られない。

かき方

散布図《さんぷず》をかくときには、①～④のような手順で進めていきます。「5年1組男子の身長と体重」というテーマを例に見ていきましょう。

①表題をかく。

②いっぽうの項目《こうもく》の数値《すうち》を横軸《よこじく》にかく。めもりは、必ずしも0からはじめるのではなく、最も小さい数字と大きい数字のあいだでとる。右はしに単位をかく。

③もういっぽうの項目の数値をたて軸にかく。めもりは、横軸と同様に、最も小さい数字と大きい数字のあいだでとる。左上に単位をかく。

④横軸の数値とたて軸の数値が交わる位置（交点*）に点を打っていく。

⑤資料《しりょう》の出典をかく。自分で調査《ちょうさ》や実験をして資料を得た場合、調査・実験をした年月日、対象、方法などを記す。

*線と線、または線と面とがたがいに交わる点。

〔表〕 5年1組男子の身長と体重

番号	身長（cm）	体重（kg）
1	150	41
2	137	33
3	155	45
4	135	32
5	141	40
6	133	30
7	146	42
8	138	37
9	139	40
10	140	38
11	142	40
12	141	38
13	137	37
14	136	34
15	151	41
16	140	39
17	132	35
18	134	32
19	141	36
20	137	35

注：身長、体重ともに、小数第1位は四捨五入《ししゃごにゅう》している。

■注意点

・２つの項目《こうもく》を選んだ理由は何かを考える。相関《そうかん》があるかないかについて、あらかじめ予想を立ててからかくとよい。

■散布図《さんぷず》に適《てき》したテーマ例

・都道府県別人口とごみの量の関係
・気温とアイスクリーム売り上げ数の関係
・睡眠《すいみん》時間と起床時刻《きしょうじこく》の関係
・年間の収入額《しゅうにゅうがく》と貯蓄額《ちょちくがく》の関係

5年1組男子の身長と体重 …①

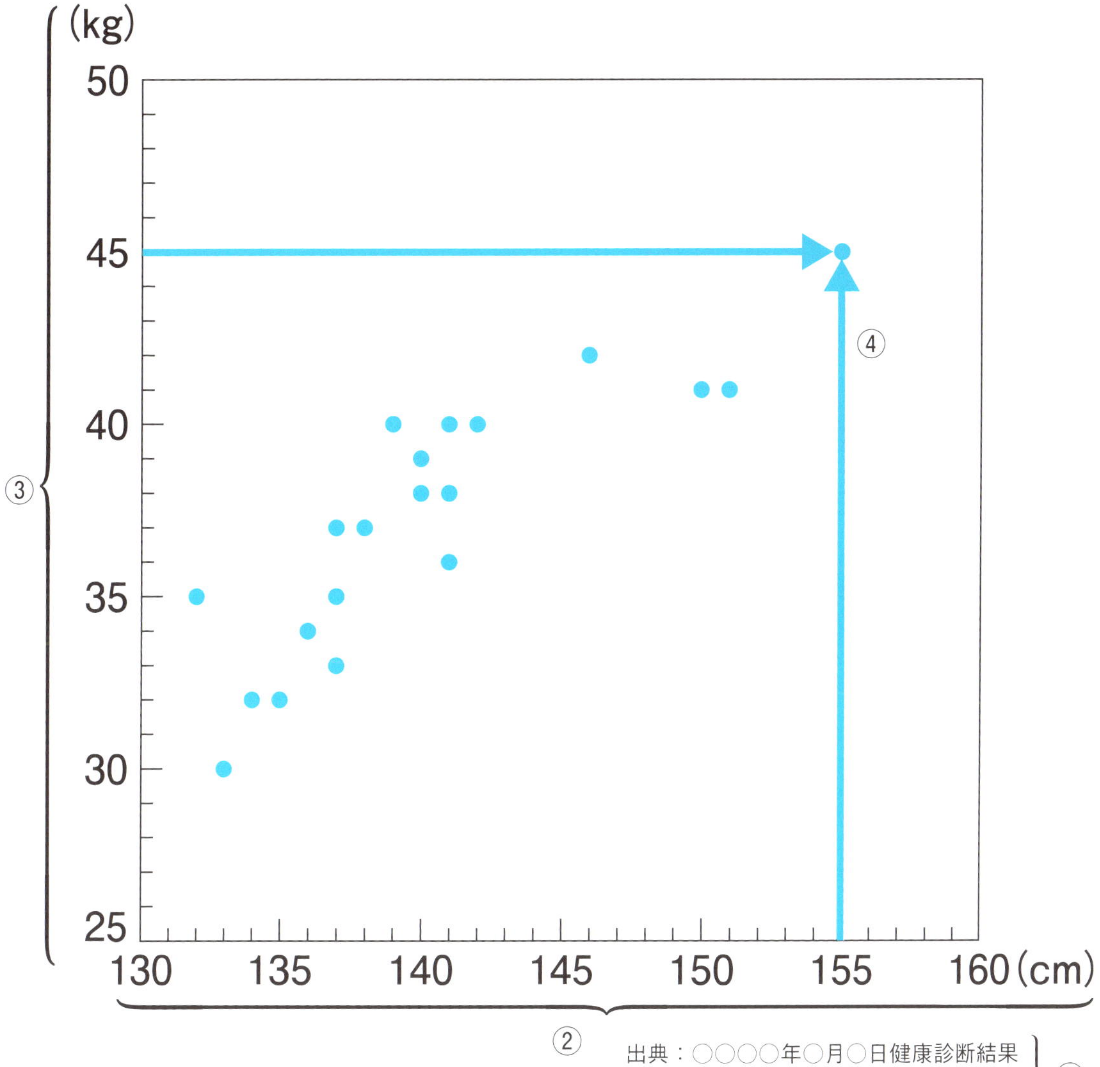

出典：○○○○年○月○日健康診断結果
調査対象：５年１組の男子 20 人 ⑤

12 身につけよう！統計《とうけい》リテラシー

統計《とうけい》や、それをわかりやすくしめした表・グラフは、社会のさまざまな場面で利用されています。しかし、正しく利用するためにはさまざまな注意が必要です。

統計《とうけい》リテラシーとは

統計《とうけい》はものごとを比較《ひかく》・分析《ぶんせき》したり、将《しょう》来《らい》を予測《よそく》したりするのに便利な道具です。わたしたちは、本や新聞、テレビ、インターネットなどを通じて、世の中にあふれるさまざまな統計を利用することができます。

しかし、すべての統計が正確《せいかく》で信頼《しんらい》できるものとはかぎりません。具体的な数字や人の目をひくグラフは、ものごとを説明する際《さい》に説得力をあたえる手段《しゅだん》としてとても有効《ゆうこう》です。いっぽうで、「説得力がある」という性質《せいしつ》を利用して、まちがったデータをまるで正しいかのように見せている統計も多くあります。また、正確な統計であっても、読み方をまちがえると正しく利用することができません。統計をうまく利用するためには、不正確な統計にまどわされず、数多くの統計から正しいものを選び、適切《てきせつ》に読みとることができる「統計リテラシー」という能力《のうりょく》が不可欠《ふかけつ》です。統計を適切に読みとる能力は、自分自身で正しい表やグラフをつくる能力にもつながります。

うまく利用するために

統計《とうけい》を利用する際《さい》には、つぎのようなことをつねに注意するようにしましょう。

■言葉の定義《ていぎ》

統計《とうけい》で用いられる言葉が具体的にどのように定義《ていぎ》されているかを確認《かくにん》することは、統計を理解するための第一歩です。

たとえば、日本の子どもに関する統計が発表されたとします。このとき、「子ども」とはだれを指すのでしょうか。日本の民法*では、20 歳《さい》以上が成人と定められているので、20 歳未満の人でしょうか。いっぽうで、日本の児童（子ども）に関する法《ほう》律《りつ》や制度《せいど》では、多くの場合 18 歳未満の人を児童（子ども）と定めています。この統計を正しく理解するためには、まず「子ども」が「何歳から何歳までの人」と定義されているのかを確認しておかなければなりません。実際、「子ども」や「児童」の定義は統計によってさまざまです。もし定義がない場合、統計結果を左右する重要な言葉があいまいであるということになり、その統計は信頼《しんらい》できるものとはいえなくなります。

＊人の財産や身分に関する一般的な事項について定めた法律。

標本の大きさとかたより

多くの統計《とうけい》は、標本調査《ちょうさ》（➡ P30）によってつくられています。その際《さい》、標本の大きさ、つまり実際《じっさい》に調査をおこなう対象者がどれだけいるかが大切なかぎとなります。たとえば、ある質問《しつもん》に対して「90％の人が賛成《さんせい》」などといった場合、「90％」という具体的な数字につられて信用してしまいがちです。しかし、全体が1000人いるうち、10人の人を標本として質問した結果9人が賛成と答えたのであれば、全体の意見を反映《はんえい》しているとはいえません。

また、標本が大きくても、選び方にかたよりがあると信頼《しんらい》できる結果を得ることができません。とある学校で野球が好きかどうかというアンケートをとる場合、野球好きな人を多く標本として選べば、好きだと答える人が多くなり、かたよった結果となってしまいます。かたよりをさけるためには、標本を無作為*に選ばなければなりません。

さらに、アンケートでは回収率《かいしゅうりつ》もとても重要です。かたよりのないように標本を選んでも回収率が低いと、回答しなかった人の答えと回答した人の答えに実は大きなちがいがあった場合、結果に大きなかたよりが出る可能性《かのうせい》があります。

*偶然《ぐうぜん》にまかせること。「ランダム」ともいう。

調査《ちょうさ》方法

調査《ちょうさ》方法には、面接《めんせつ》・電話によるインタビューやアンケートなどがあり、アンケートにも紙をつかうものやインターネットをつかうものがあります。同じ統計《とうけい》調査でも、調査の方法が異《こと》なれば、結果もちがうものになることがあります。また、質問《しつもん》のいいまわしや順番がちがうと結果に影響《えいきょう》をあたえることもあります。

統計を見る際《さい》には、調査の標本や方法について記した調査概要《がいよう》を確認《かくにん》すると、信頼《しんらい》できるかどうか判断《はんだん》する手助けとなります。

グラフの見せ方

同じデータでも、軸《じく》の単位やきざみを変えると印象が大きく異《こと》なることがあります（➡ P59）。グラフを見る際《さい》にはできるだけ冷静に観察することを、自分でつくる際は表したいものを簡潔《かんけつ》に誤解《ごかい》なく表現《ひょうげん》することを心がけましょう。

インターネットをつかったアンケート調査《ちょうさ》は、回答用紙の作成、印刷、回収《かいしゅう》の手間が省け、集計や分析《ぶんせき》にも時間があまりかからないなどの長所がある。ただし、回答者はインターネットを利用している人にかぎられる。

コラム

地図をつかった統計《とうけい》

統計《とうけい》データをわかりやすく表すには、表やグラフのほか、地図を用いる方法もあります。データを地図上で表したものは、統計地図とよばれます。

統計《とうけい》地図

統計《とうけい》地図は、あるものごとの数量や分布《ぶんぷ》といった統計データを、地図上に表現《ひょうげん》したものです。地域《ちいき》や国ごとのデータを比較《ひかく》するのに用いられます。データをいくつかの階級に分けて地域を色分けしたり（➡P11）、各地域の上に棒《ぼう》グラフや円グラフ、絵グラフを重ねるなど、さまざまな見せ方があります。

階級分け

階級分けに合わせた色分けは、数値《すうち》の大きいものは赤などの暖色系《だんしょくけい》、小さいものは青などの寒色系が用いられることが多くあります。また、同じ系統《けいとう》の色の濃《こ》さを変えて、階級を区別することもあります。白黒で表現《ひょうげん》しなければならない場合などは、斜《しゃ》線《せん》や点などのもようを用いると区別がつきやすくなります。

なお、階級の数が多くなりすぎると地図が見にくくなるので注意しましょう。

日本から緑茶を輸入《ゆにゅう》している国・地域《ちいき》上位10（2012年）

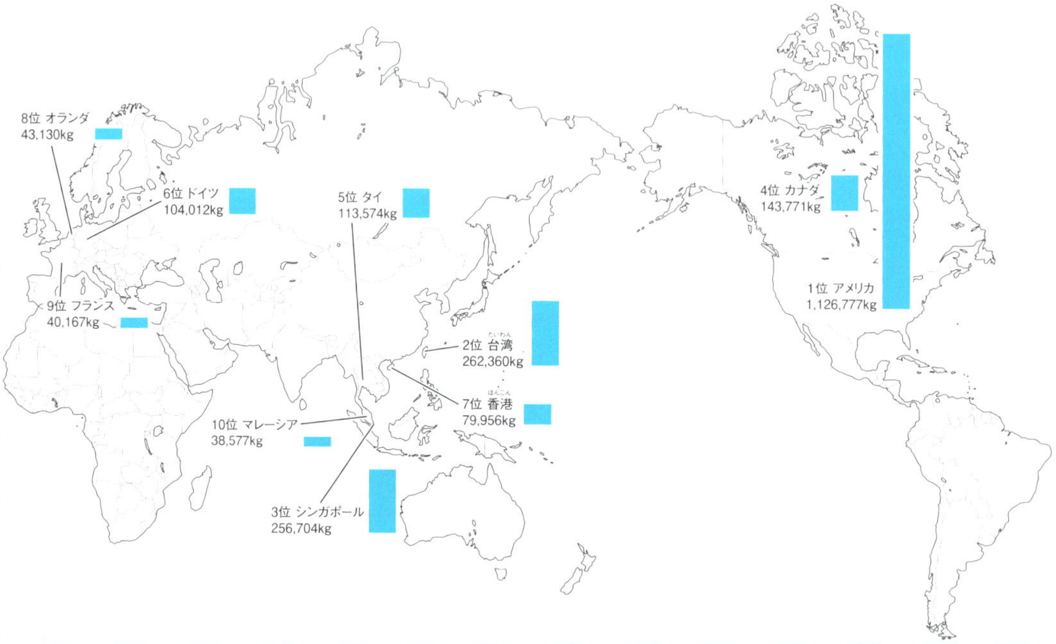

出典：財務省「貿易統計」

資料編《しりょうへん》

統計《とうけい》グラフコンクール

毎年、さまざまなコンクールがおこなわれるなか、統計《とうけい》とグラフのコンクールもおこなわれています。コンクールには、都道府県規模《きぼ》のものと全国規模のものがあります。

コンクールにチャレンジ！

統計《とうけい》の知識《ちしき》を広めることと、統計を表現《ひょうげん》する技術《ぎじゅつ》を高めることを目的として、統計グラフ全国コンクールが毎年おこなわれています。

その前段階《ぜんだんかい》として各都道府県の統計グラフコンクールがあり、小学生から大人まで、だれでも自由なテーマで応募《おうぼ》できます。都道府県コンクールで優秀《ゆうしゅう》な成績《せいせき》をおさめると、全国コンクールへ出品されます。

各都道府県や全国コンクールのホームページでは、しめきりや応募資格《しかく》などを記した募集要項《ぼしゅうようこう》や、これまでの入賞作品を見ることができます。ユニークな統計グラフをつくり、ぜひ応募してみましょう。

応募《おうぼ》と審査《しんさ》の流れ

各都道府県の作品送付先へ応募《おうぼ》

都道府県コンクール内での審査《しんさ》
（全国コンクールの第一次審査）

↓

全国コンクール
第二次･第三次審査（中央審査）

部門と対象

第１部：小学校１年生と２年生

第２部：小学校３年生と４年生

第３部：小学校５年生と６年生

第４部：中学生

第５部：高校生以上（大学生や一般《いっぱん》の大人もふくむ）

パソコン統計《とうけい》グラフの部：小学生以上

テーマは自由だが、小学４年生以下の場合は、児童がみずから観察または調査《ちょうさ》した結果をグラフにしたものとする。

図書館を使った調べる学習コンクール

「図書館を使った調べる学習コンクール」では、身近なことや興味《きょうみ》のあることなどについて、公共図書館や学校図書館を利用してまとめた作品を募集《ぼしゅう》しています。

表やグラフを活用しよう

「図書館を使った調べる学習コンクール」は、図書館振興財団《しんこうざいだん》が主催《しゅさい》するコンクールです。調べ学習を通じて子どもも大人もすべての人が図書館を活用し、体験や創作《そうさく》などと結びついた研究にとりくむことを願い、その成果を広く普及《ふきゅう》するためにおこなわれています。

調べ学習を進める上で、統計《とうけい》はとても役に立ちます。調べたことをまとめる際《さい》に表やグラフを活用することで、説得力の高い作品となるでしょう。

このコンクールは全国規模《きぼ》と地域《ちいき》規模のものがあり、自分の住んでいる地元で地域コンクールがおこなわれている場合は、そちらに応募《おうぼ》できます。地域コンクールがおこなわれていない場合は、直接《ちょくせつ》、図書館振興財団に応募します。応募の前に、統計グラフコンクールと同じく、しめきりや応募の決まり、必要なものなどを調べておきましょう。

応募《おうぼ》と審査《しんさ》の流れ

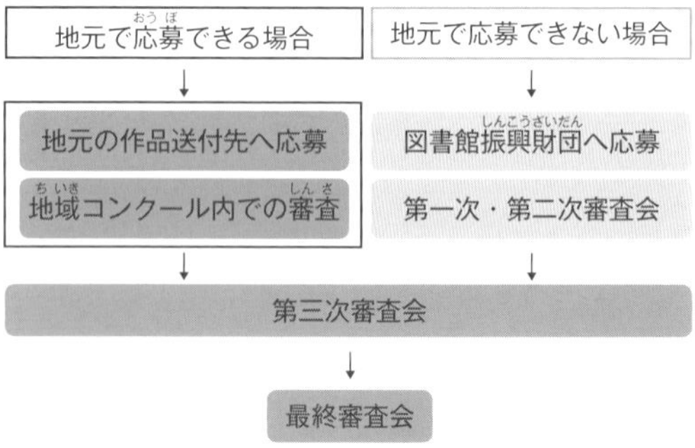

部門と対象

小学生の部：小学生

中学生の部：中学生

高校生の部：高校生

大人の部：大学生、社会人など

子どもと大人の部：親子、または子どもと大人のグループ

「図書館を使った調べる学習」活動の部：「図書館を使った調べる学習」をサポートする個人《こじん》や団体《だんたい》（活動の実践報告《じっせんほうこく》をテーマとする）

参考ホームページ

統計《とうけい》や表・グラフについて、よりくわしく知りたいときに便利なホームページを紹介《しょうかい》します。

●総務省統計局《そうむしょうとうけいきょく》　なるほど統計学園

親しみやすいキャラクターが、統計《とうけい》について、わかりやすい言葉やストーリーで解説。さまざまな視点《してん》から、統計に関する情《じょう》報《ほう》を得られる。
http://www.stat.go.jp/naruhodo/

●総務省統計局《そうむしょうとうけいきょく》　なるほど統計学園高等部

統計的《とうけいてき》な考え方や情報化《じょうほうか》社会を生きぬくための応用力《おうようりょく》、統計の作成・分析《ぶんせき》方法、日本や世界のおもな統計データなどを紹介《しょうかい》。
http://www.stat.go.jp/koukou/

●都道府県の統計《とうけい》キッズコーナー

なるほど統計《とうけい》学園のリンク集（http://www.stat.go.jp/naruhodo/link.htm）から、各都道府県の統計ページへいくことができる。

●統計《とうけい》から見る日本の工業及《およ》び商業

経済《けいざい》産業省の統計《とうけい》学習ホームページ。「工業統計調査《ちょうさ》」および「商業統計調査」のデータを使用し、日本の工業・商業の現状《げんじょう》などについて紹介《しょうかい》している。「工業キッズページ」と「商業キッズページ」に分かれている。
http://www.meti.go.jp/statistics/toppage/topics/toukei_kids/

●統計情報《とうけいじょうほう》研究開発センター

統計情報《とうけいじょうほう》研究開発センターが主催《しゅさい》する「統計グラフ全国コンクール」のページ。応募《おうぼ》についてのくわしい情報や入賞作品を見ることができる。
http://www.sinfonica.or.jp/tokei/graph/

●図書館振興財団《しんこうざいだん》

図書館振興財団《しんこうざいだん》が主催《しゅさい》する「図書館を使った調べる学習コンクール」のページ。応募《おうぼ》についてのくわしい情報《じょうほう》や第1回からの入賞作品（抜粋《ばっすい》部分）を見ることができる。
http://www.toshokan.or.jp/contest/

●科学の道具箱

統計《とうけい》や表・グラフについて、動画でくわしく解説している。さまざまなグラフを作成するための「グラフソフト」をダウンロードできる。
http://rikanet2.jst.go.jp/contents/cp0530/contents/08.html

いろいろな政府統計《せいふとうけい》

日本には、国の行政《ぎょうせい》機関として、１府11省などが置かれています。それぞれが、さまざまな統計《とうけい》を発表しています。

政府統計《せいふとうけい》の総合窓口《そうごうまどぐち》

政府《せいふ》が発表する統計《とうけい》は、e-stat（イースタット）とよばれる「政府統計の総合窓《そうごうまど》口《ぐち》」のサイトで、まとめて提供《ていきょう》されています（http://www.e-stat.go.jp/）。イースタットは、各府省などのホームページに掲《けい》載《さい》されていた各種の統計関係の情報を１か所に集めて提供することを目的に、2008（平成 20）年度から運用をはじめました。

イースタットでは、各府省が管理している統計データを、「主要なデータから探《さが》す」「政府統計全体から探す」といった方法で検索《けんさく》することができます。統計法では、行政機関が作成する重要な統計を「基幹《きかん》統計」として定めていますが、「主要なデータから探す」という方法で検索すると、この基幹統計のすべてが、つぎのような分野別に掲載されています。

○人口・世帯

- ▶国勢調査《こくせいちょうさ》
- ▶人口動態《どうたい》調査
- ▶生命表
- ▶国民生活基礎《きそ》調査

○労働・賃金《ちんぎん》

- ▶労働力調査《ちょうさ》
- ▶就業構造基本《しゅうぎょうこうぞうきほん》調査
- ▶民間給与実態統計《きゅうよじったいとうけい》調査
- ▶毎月勤労《きんろう》統計調査
- ▶賃金《ちんぎん》構造基本統計調査
- ▶船員労働統計調査

○農林水産業

- ▶農業経営統計調査《けいえいとうけいちょうさ》
- ▶農林業センサス
- ▶漁業センサス
- ▶作物統計調査
- ▶海面漁業生産統計調査
- ▶木材統計調査
- ▶牛乳乳製品《ぎゅうにゅうにゅうせいひん》統計調査

○商業・サービス業

- ▶商業統計調査《とうけいちょうさ》
- ▶商業動態《どうたい》統計調査
- ▶特定サービス産業実態《じったい》調査
- ▶石油製品需給《じゅきゅう》動態統計調査

○企業《きぎょう》・家計・経済《けいざい》

- ▶国民経済《けいざい》計算
- ▶個人企業《きぎょう》経済調査《ちょうさ》
- ▶経済センサス－基礎《きそ》調査
- ▶経済センサス－活動調査
- ▶家計調査
- ▶全国消費実態《じったい》調査
- ▶小売物価《ぶっか》統計調査
- ▶全国物価統計調査
- ▶産業連関表
- ▶法人企業統計調査
- ▶経済産業省企業活動基本調査

○住宅《じゅうたく》・土地・建設《けんせつ》

▶住宅《じゅうたく》・土地統計調査《とうけいちょうさ》

▶建築《けんちく》着工統計調査

▶建設《けんせつ》工事統計調査

▶法人土地・建物基本《きほん》調査

○エネルギー・水

▶経済《けいざい》産業省特定業種石油等消費統計《とうけい》

▶ガス事業生産動態《どうたい》統計調査《ちょうさ》

○運輸《うんゆ》・観光

▶港湾調査《こうわんちょうさ》

▶自動車輸送《ゆそう》統計《とうけい》調査

▶内航船舶《せんぱく》輸送統計調査

○情報《じょうほう》通信・科学技術《ぎじゅつ》

▶科学技術《ぎじゅつ》研究調査《ちょうさ》

○教育・文化・スポーツ・生活

▶社会生活基本調査《きほんちょうさ》

▶学校基本調査

▶学校教員統計《とうけい》調査

▶社会教育調査

○行財政《ぎょうざいせい》

▶地方公務員給与実態調査《こうむいんきゅうよじったいちょうさ》

○社会保障《ほしょう》・衛生《えいせい》

▶学校保健統計調査《ほけんとうけいちょうさ》

▶医療施設《いりょうしせつ》調査

▶患者《かんじゃ》調査

▶社会保障《ほしょう》費用統計

日本統計年鑑《とうけいねんかん》

政府《せいふ》による統計《とうけい》のほかにも、民間調査《ちょうさ》機関などによるものもふくめ、日本の統計を幅広《はばひろ》く紹介《しょうかい》している資料《しりょう》として、『日本統計年鑑《ねんかん》』があります。日本の国土、人口、経済《けいざい》、社会、文化など、広い分野にわたる基本的《きほんてき》な統計データのほぼすべてを、系統《けいとう》立てて収録《しゅうろく》しています。もともとは本ですが、編集《へんしゅう》をおこなっている総務省《そうむしょう》統計局のホームページからも見ることができます。

また、世界各国の人口、経済、社会、文化などの実情や、世界のなかでの日本の位置づけを知るには、『世界の統計』が便利です。この本は、こうしたことに関する統計がおさめられていて、総務省統計局のホームページからも見ることができます。

（画像提供：総務省統計局）

さくいん

あ

か

さ

た

な

は

ま

や

ら

わ

【監修】岩崎 学（いわさき まなぶ）
1952年静岡県生まれ。東京理科大学大学院修了（理学博士）。現在、成蹊大学理工学部情報科学科教授。統計関連学会連合理事、日本統計学会代議員などをつとめる。主な著書は、『確率・統計の基礎』（2007年、東京図書）、『カウントデータの統計解析』（2010年、朝倉書店）など。

【編】こどもくらぶ（古川裕子）
こどもくらぶは、あそび・教育・福祉の分野で、子どもに関する書籍を企画・編集しているエヌ・アンド・エス企画の編集室の愛称。『調べる！ 47都道府県　生産と消費で見る日本』「小さくても大きな日本の会社力」シリーズ（いずれも同友館）、「楽しくまなぶ学習あそび」「子どもがよろこぶ楽しいゲーム」（いずれも学事出版）など、多数の作品がある。
http://www.imajinsha.co.jp/

【写真提供】
大垣市、国立歴史民俗博物館、総務省統計局、Antonio Abrignani、Luiz Baltar、bern161616、Georgios Kollidas
©paylessimages/©sunabesyou - Fotolia.com

■企画・編集・制作／株式会社エヌ・アンド・エス企画

■デザイン・DTP／高橋博美、株式会社オノ・エーワン

この本の情報は、2013年11月までに調べたものです。

表とグラフの達人講座 ——はじめて出合う統計の本

初　版　　第1刷発行　2014年2月28日
監　修　　岩崎 学
編　　　　こどもくらぶ
発行所　　株式会社同友館
　　　　　〒113-0033　東京都文京区本郷3-38-1
　　　　　電話　03-3813-3966　　FAX　03-3818-2774
　　　　　http://www.doyukan.co.jp/
発行者　　脇坂康弘
印刷／製本　三美印刷／東京美術紙工

乱丁・落丁はおとりかえいたします。

96P/257×182mm　ISBN978-4-496-05039-8　C8033

Printed in Japan